쉽고 재미있게
생각하는 연산!

연산력 수학

노크

C2
(초1~초2)

빨셈구구

똑!똑! 연산력 수학
노크의 구성

▶ 하루에 4쪽씩 한 가지 주제를 학습합니다.

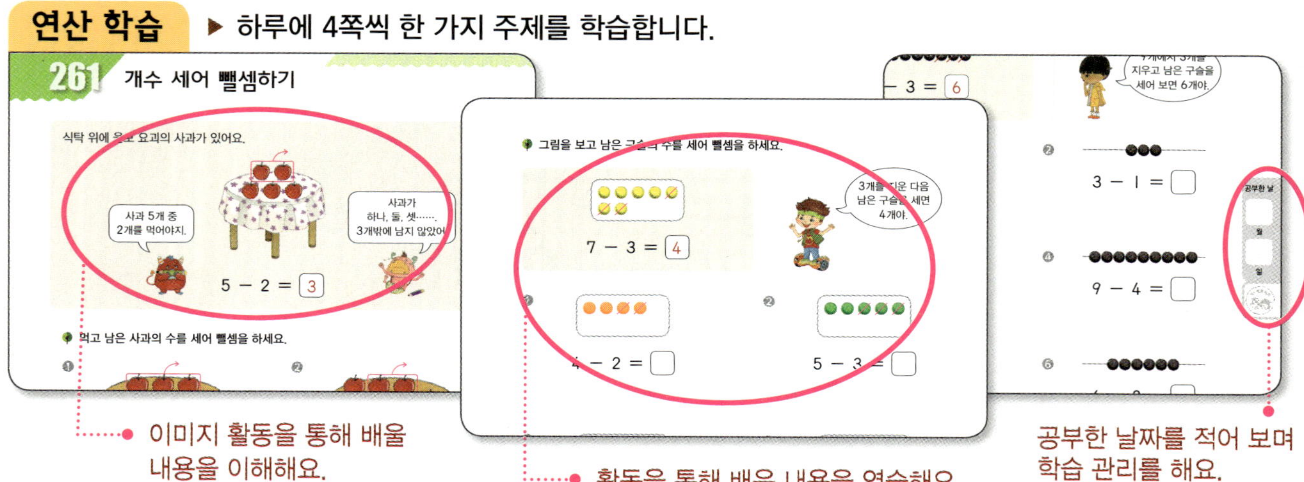

이미지 활동을 통해 배울 내용을 이해해요.

활동을 통해 배운 내용을 연습해요.

공부한 날짜를 적어 보며 학습 관리를 해요.

▶ 배웠던 주제를 평가해 봅니다.

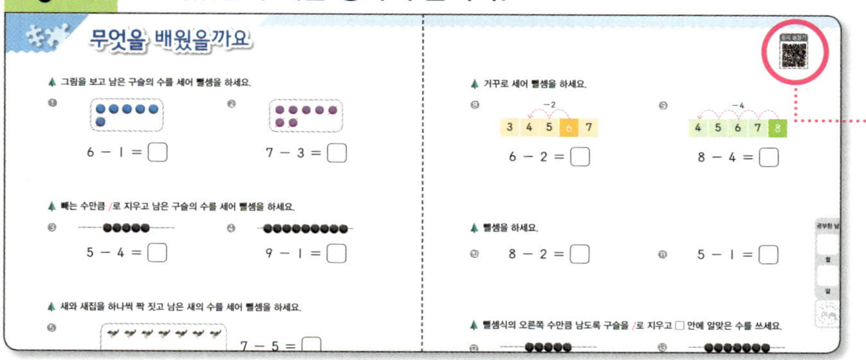

"문제 생성기" QR코드를 이용하면 여러 문제를 더 풀어 볼 수 있어요.

▶ 연산 학습의 부족한 부분을 연습합니다.

받아내림이 없는 뺄셈구구　　관련 쪽수: 6~27쪽

＋ 뺄셈을 하세요.

6 − 1 =	5 − 3 =
9 − 4 =	7 − 6 =
4 − 2 =	8 − 5 =
7 − 3 =	9 − 7 =

＋ 안에 알맞은 수를 쓰세요.

뺄셈구구 전략　　관련 쪽수: 30~47쪽

＋ 뺄셈을 하세요.

12 − 4 =	11 − 3 =
12 − 3 =	13 − 4 =
10 − 3 =	14 − 5 =

＋ 반을 이용하여 뺄셈을 하세요.

6 − 3 =	10 − 5 =
14 − 7 =	18 − 9 =

각 주제별로 학습했던 연산 학습 중 연습이 더 필요한 부분을 본책 맨 뒤에서 제공합니다.
해당 연산 학습을 끝낸 후에 사용하세요.

연산력 수학 노크만의 스마트 학습

문제 생성기

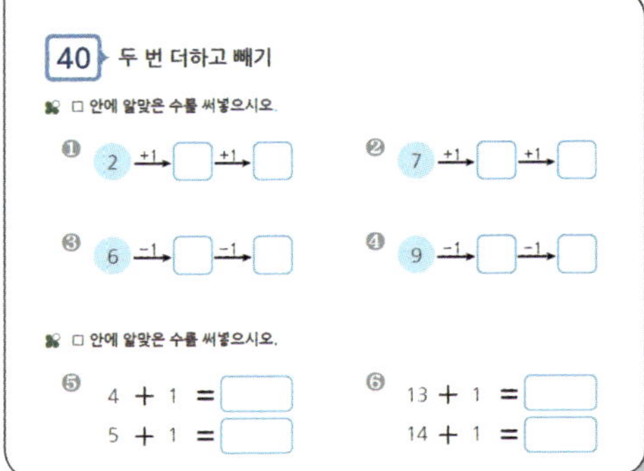

게임

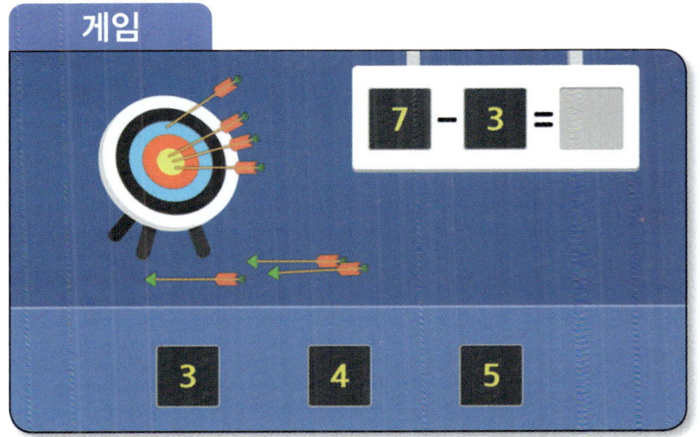

"**무엇을 배웠을까요**"를 풀고 난 후 QR코드를 찍어 보세요.
새로운 문제들이 계속 생성됩니다.
출력하여 사용하세요.

"**연산력 게임**" 코너에 있는 QR코드를 찍어 보세요.
연산 학습과 연계된 재미있는 연산력 게임을 할 스 있습니다.

연산력 수학 노크에 나오는 친구들을 소개해요!!

모험가 친구들

태돌
추진력 리더

현우
끈기 대장

큐리
호기심 해결사

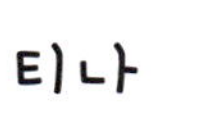

티나
치밀한 전략가

마법사 멀린과 수학 요정

마법사 멀린

꼬마 요괴

따소리

한입

장난

따짓

멍하니

잠만자

울보

거꾸로

차례

받아내림이 없는 뺄셈구구

▶ 연산 보충 학습(106쪽)에서 더 풀어 보세요.

학부모 지도 가이드

이 차시에서는 개수를 세거나 짝 지어 비교하기, 거꾸로 세기의 여러 가지 방법으로 받아내림이 없는 뺄셈 원리를 이해하고 각자 편리한 방법을 찾아 계산할 수 있도록 지도합니다.

$$6 - 5 = \boxed{1}$$

▲ 개수 세어 뺄셈하기

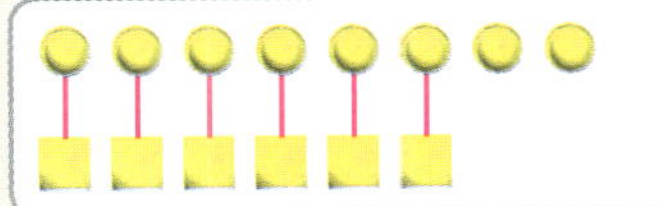

$$8 - 6 = \boxed{2}$$

▲ 비교하여 뺄셈하기

$$9 - 3 = \boxed{6}$$

▲ 거꾸로 세어 뺄셈하기

개수 세어 뺄셈하기

식탁 위에 울보 요괴의 사과가 있어요.

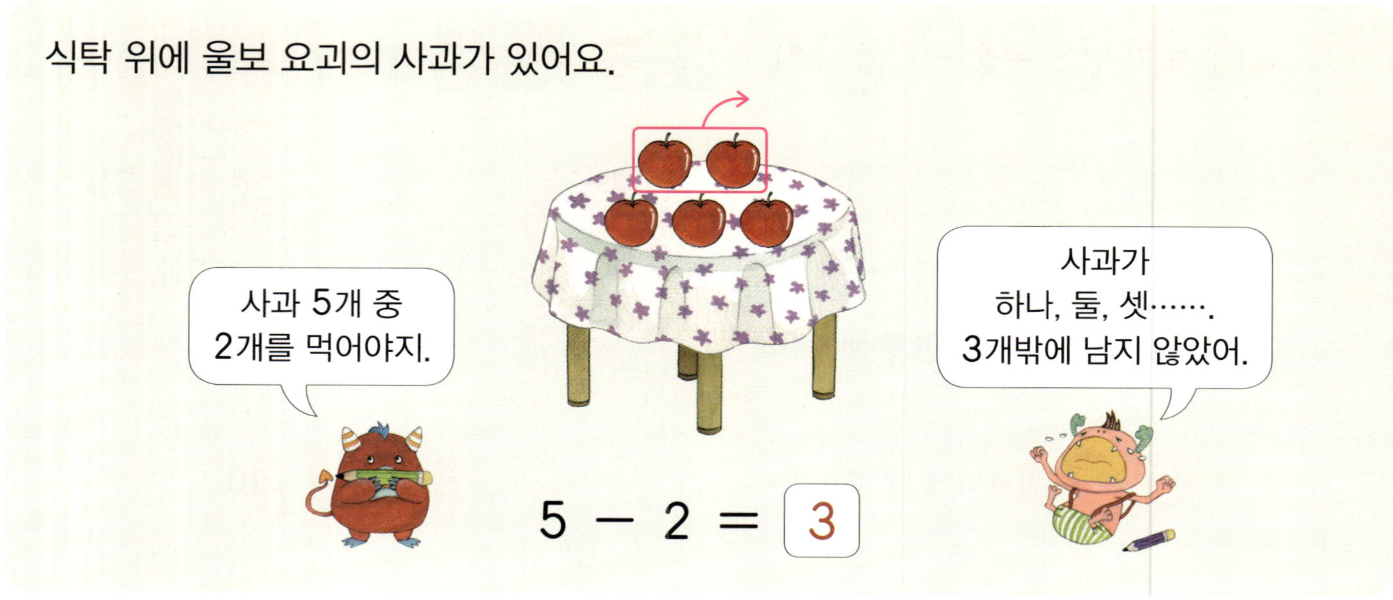

🌱 먹고 남은 사과의 수를 세어 뺄셈을 하세요.

❶ 

$$6 - 3 = \boxed{}$$

❷ 

$$7 - 2 = \boxed{}$$

❸ 

$$8 - 1 = \boxed{}$$

❹ 

$$9 - 3 = \boxed{}$$

🌳 그림을 보고 남은 구슬의 수를 세어 뺄셈을 하세요.

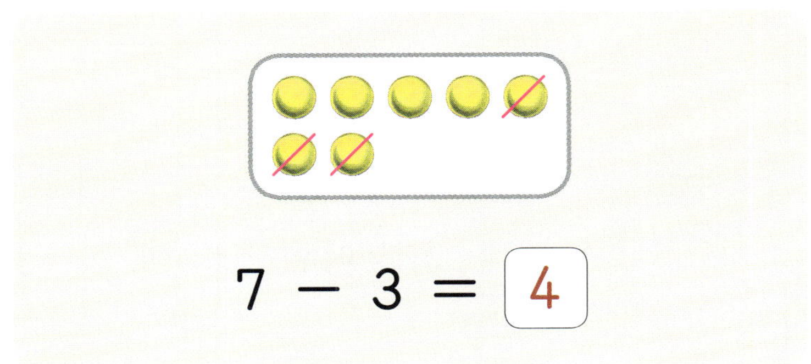

$$7 - 3 = \boxed{4}$$

①
$$4 - 2 = \boxed{}$$

②
$$5 - 3 = \boxed{}$$

③
$$6 - 2 = \boxed{}$$

④
$$8 - 1 = \boxed{}$$

⑤
$$9 - 4 = \boxed{}$$

⑥
$$7 - 1 = \boxed{}$$

책상 위에 클립이 어지럽게 놓여 있어요.

🌳 빼는 수만큼 /로 지우고 뺄셈을 하세요.

 ❶

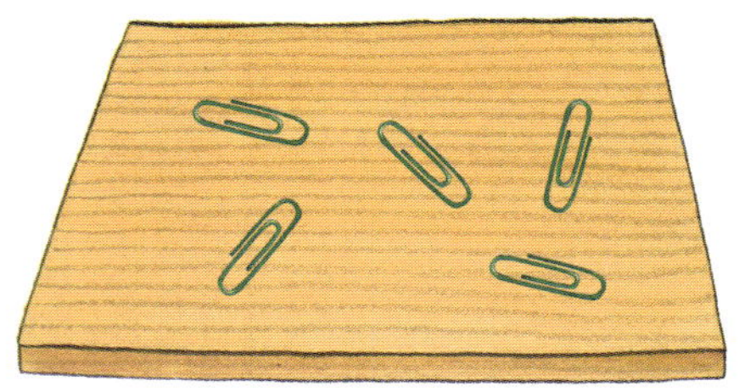

$$5 - 2 = \boxed{}$$

❷

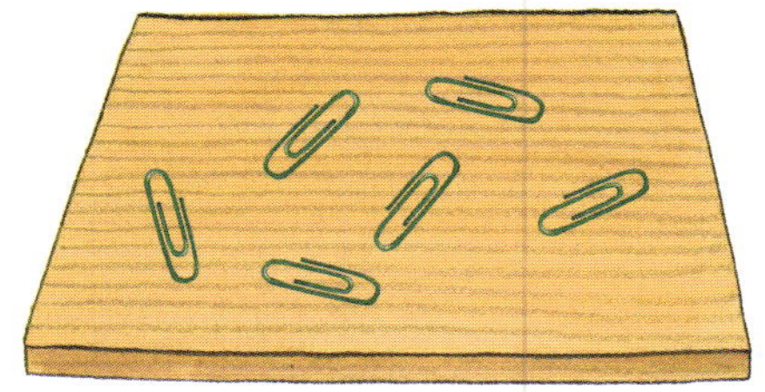

$$6 - 1 = \boxed{}$$

❸

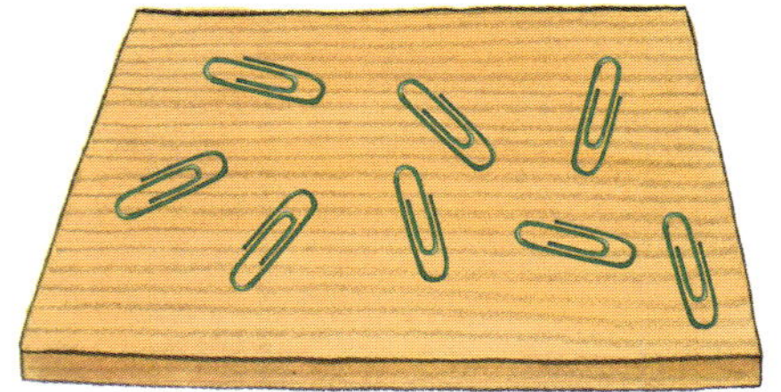

$$8 - 4 = \boxed{}$$

❹

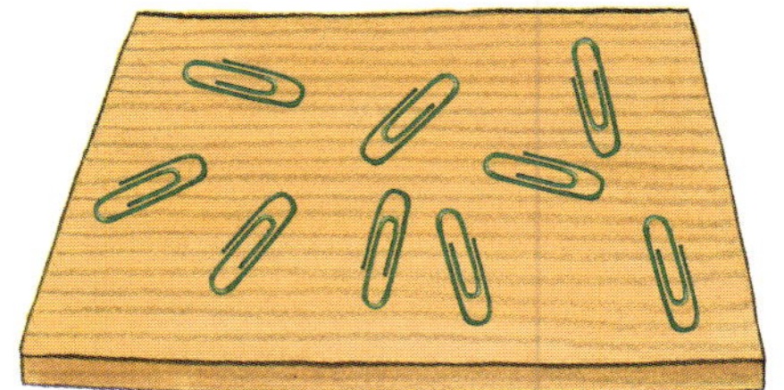

$$9 - 2 = \boxed{}$$

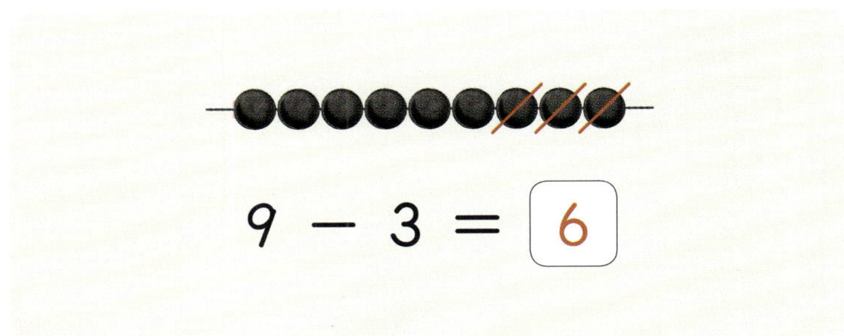

$$9 - 3 = \boxed{6}$$

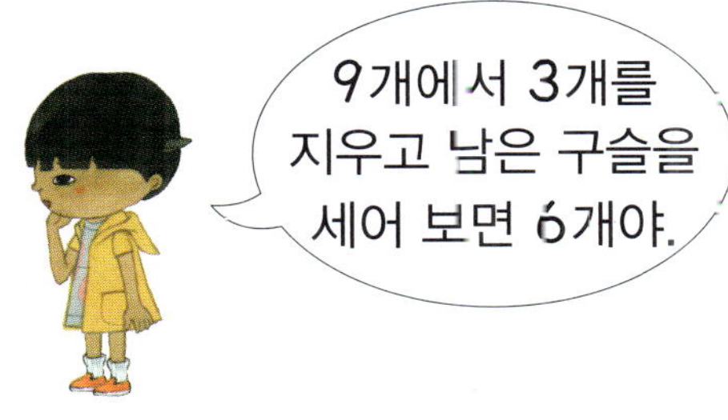

1

$$7 - 3 = \boxed{}$$

2

$$3 - 1 = \boxed{}$$

3

$$8 - 1 = \boxed{}$$

4

$$9 - 4 = \boxed{}$$

5

$$9 - 1 = \boxed{}$$

6

$$6 - 3 = \boxed{}$$

7

$$5 - 3 = \boxed{}$$

8

$$7 - 2 = \boxed{}$$

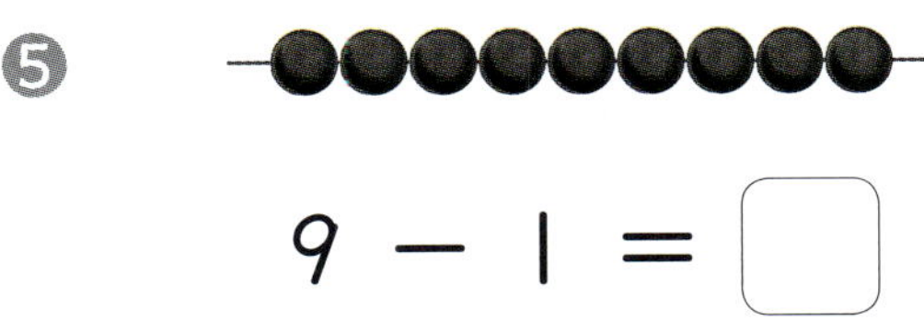

비교하여 뺄셈하기

요괴들이 새들에게 새집을 하나씩 만들어 주려고 해요.

$$6 - 4 = \boxed{2}$$

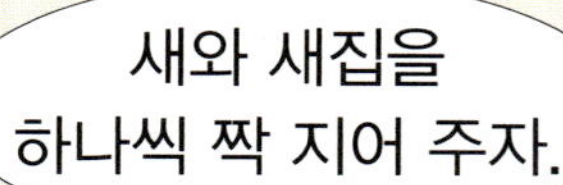 새와 새집을 하나씩 짝 짓고 남은 새의 수를 세어 뺄셈을 하세요.

❶

$$5 - 3 = \boxed{}$$

❷

$$7 - 6 = \boxed{}$$

❸

$$8 - 5 = \boxed{}$$

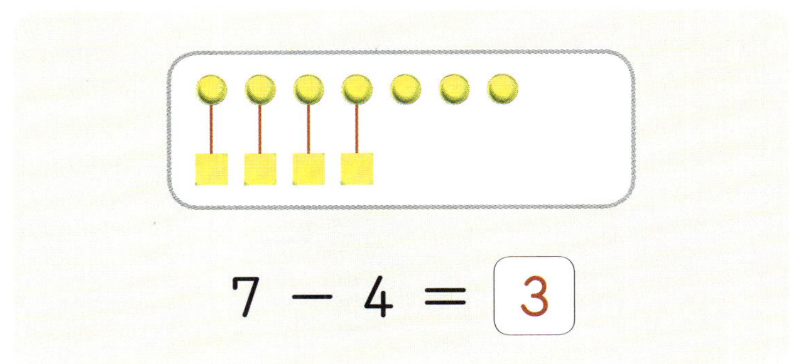

$$7 - 4 = \boxed{3}$$

① 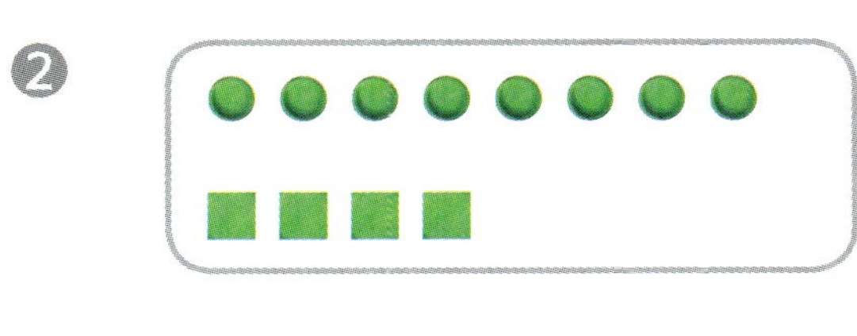

$$5 - 4 = \boxed{}$$

②

$$8 - 4 = \boxed{}$$

③

$$4 - 3 = \boxed{}$$

④ 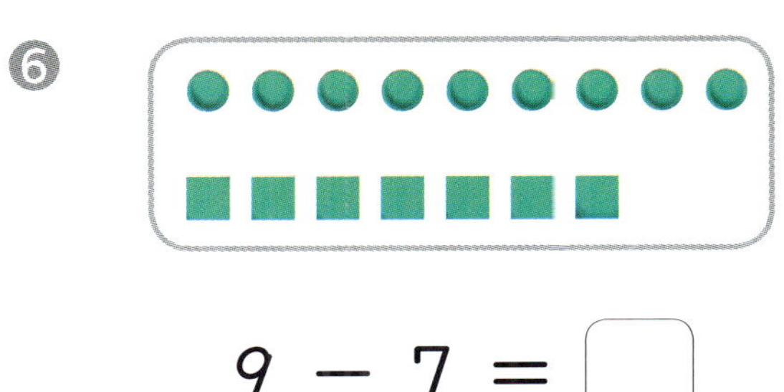

$$7 - 5 = \boxed{}$$

⑤

$$6 - 3 = \boxed{}$$

⑥

$$9 - 7 = \boxed{}$$

다람쥐가 도토리를 찾고 있어요.

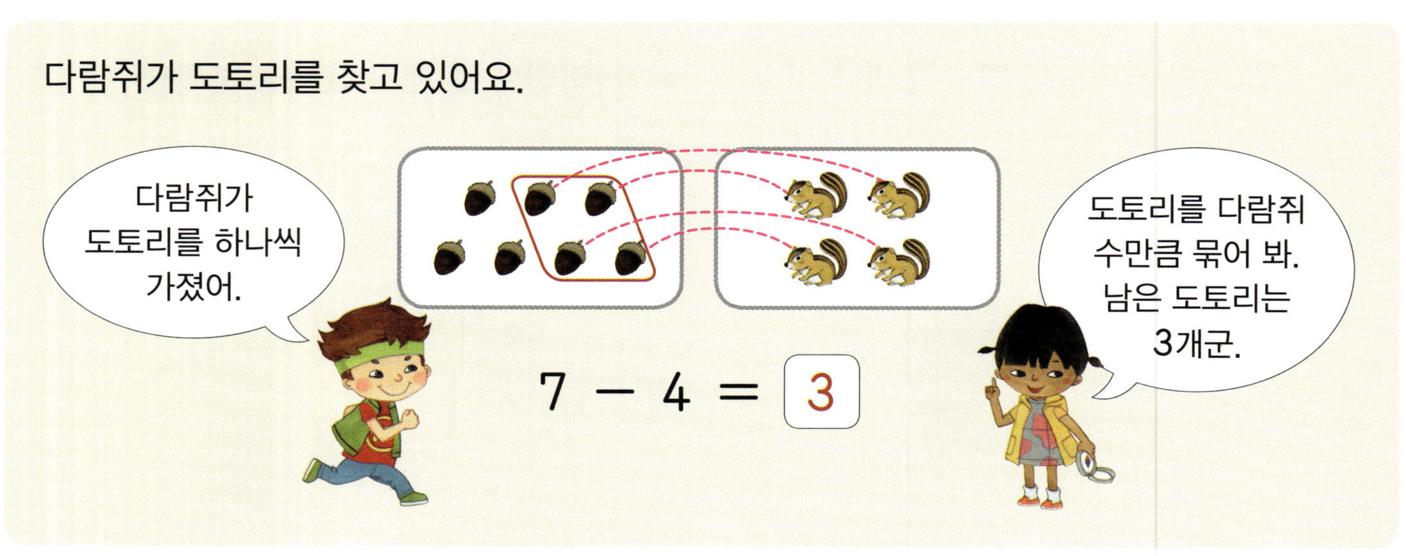

🌳 다람쥐 수만큼 도토리를 선으로 묶고 남은 도토리의 수를 세어 뺄셈을 하세요.

❶ 

5 − 4 = ☐

❷ 

7 − 3 = ☐

❸ 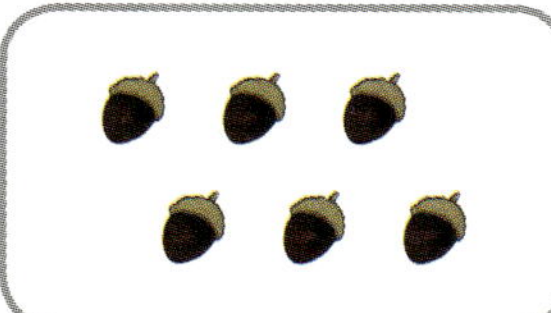 

6 − 5 = ☐

❹ 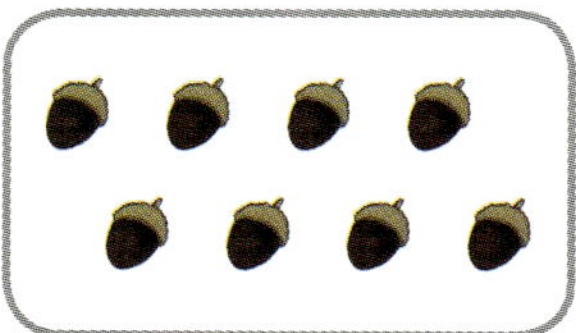 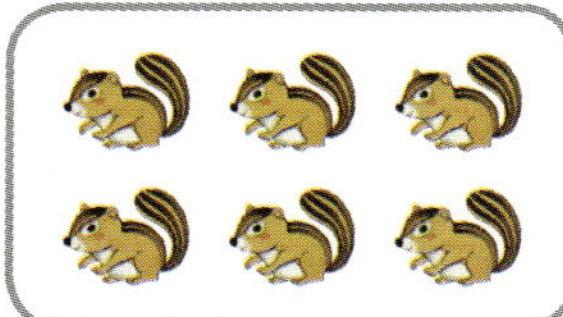

8 − 6 = ☐

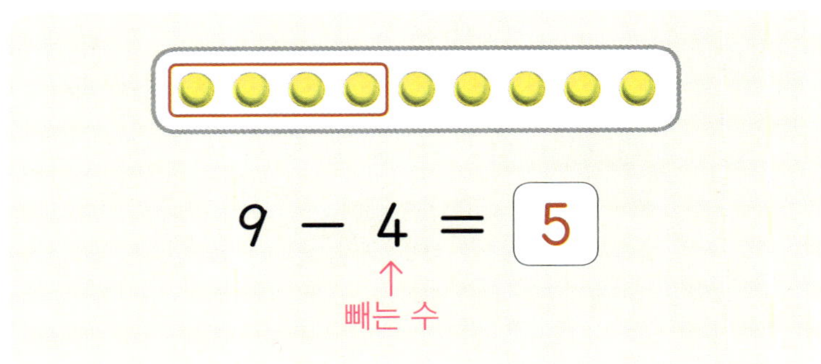

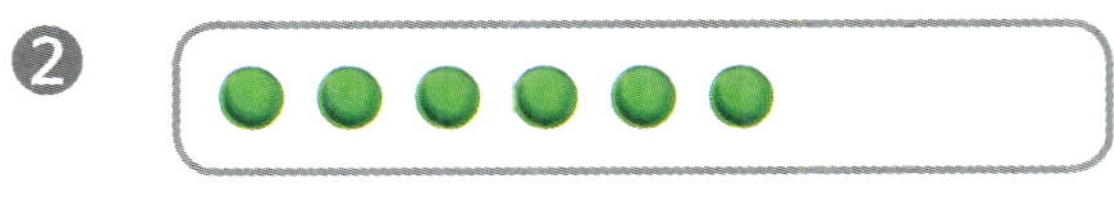

❶
2 − 1 = ☐

❷
6 − 4 = ☐

❸
5 − 2 = ☐

❹
9 − 6 = ☐

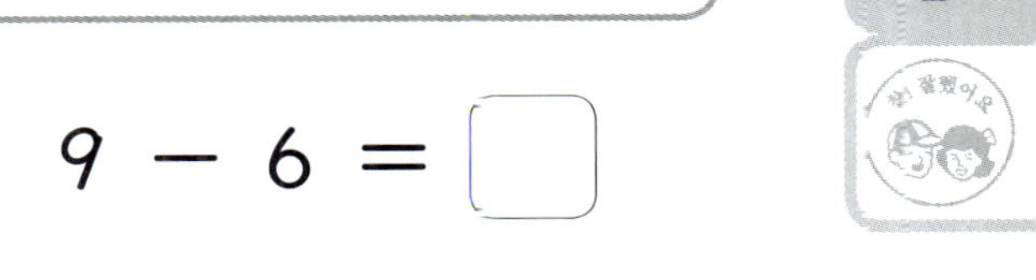

❺
9 − 5 = ☐

❻
8 − 7 = ☐

❼
9 − 8 = ☐

❽
7 − 5 = ☐

거꾸로 세어 뺄셈하기

개구리가 연잎을 밟고 뛰고 있어요.

🌱 거꾸로 뛰어 세어 뺄셈을 하세요.

❶ 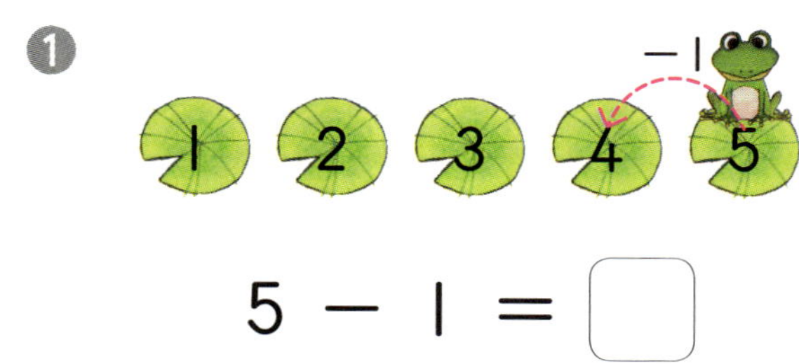

$5 - 1 = \boxed{}$

❷ 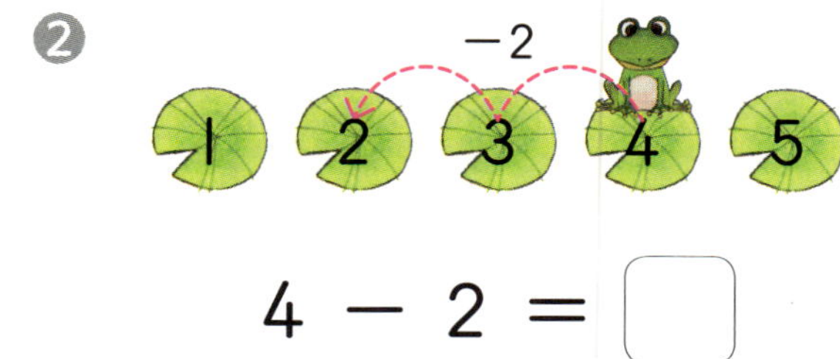

$4 - 2 = \boxed{}$

❸

$7 - 3 = \boxed{}$

❹ 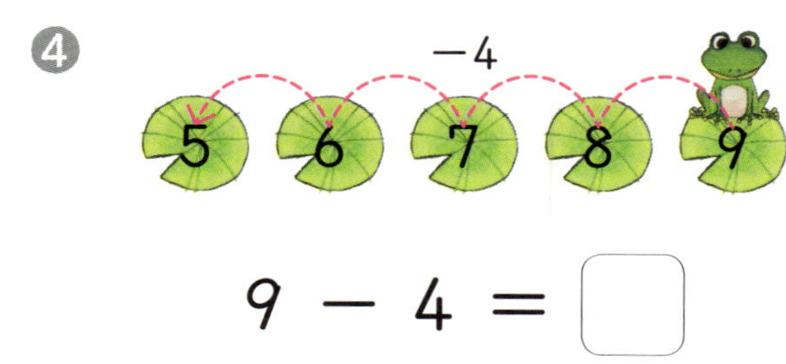

$9 - 4 = \boxed{}$

❺

$8 - 2 = \boxed{}$

❻ 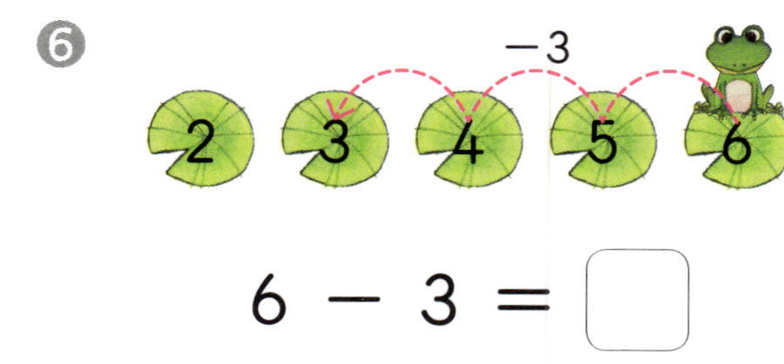

$6 - 3 = \boxed{}$

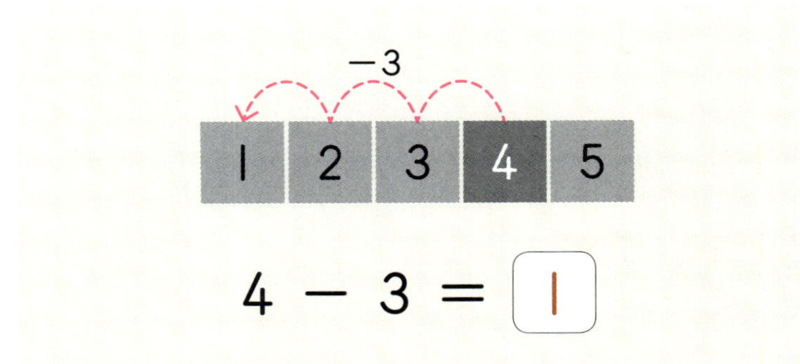

❶

$5 - 2 = \boxed{}$

❷

$3 - 1 = \boxed{}$

❸
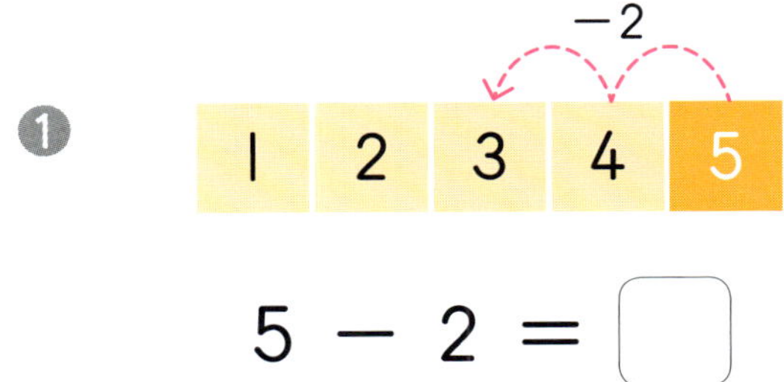

$8 - 3 = \boxed{}$

❹
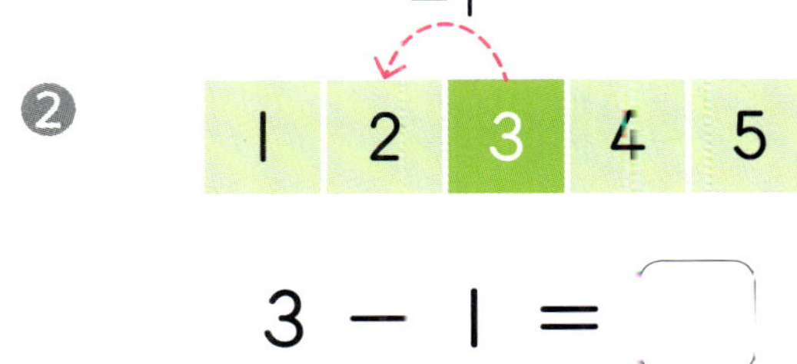

$9 - 2 = \boxed{}$

❺

$7 - 1 = \boxed{}$

❻
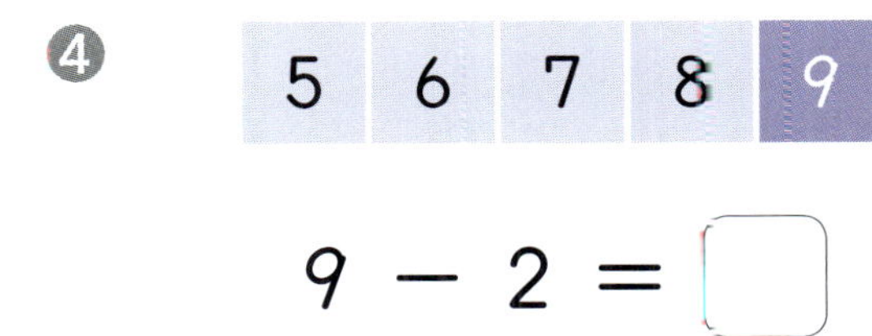

$6 - 4 = \boxed{}$

🌳 뺄셈을 하세요.

① 

② 

③ 

④ 

⑤ 

⑥ 

🌳 **뺄셈을 하세요.**

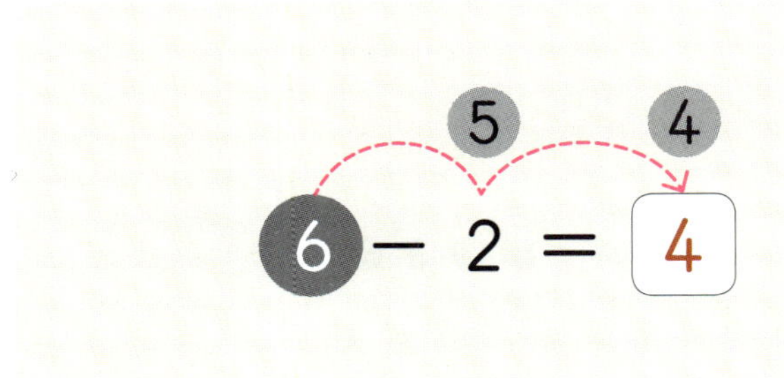

① $4 - 3 = \boxed{}$

② $6 - 1 = \boxed{}$

③ $8 - 2 = \boxed{}$

④ $3 - 2 = \boxed{}$

⑤ $8 - 1 = \boxed{}$

⑥ $5 - 2 = \boxed{}$

⑦ $7 - 3 = \boxed{}$

⑧ $9 - 4 = \boxed{}$

⑨ $6 - 4 = \boxed{}$

⑩ $7 - 1 = \boxed{}$

여러 가지 방법으로 뺄셈하기

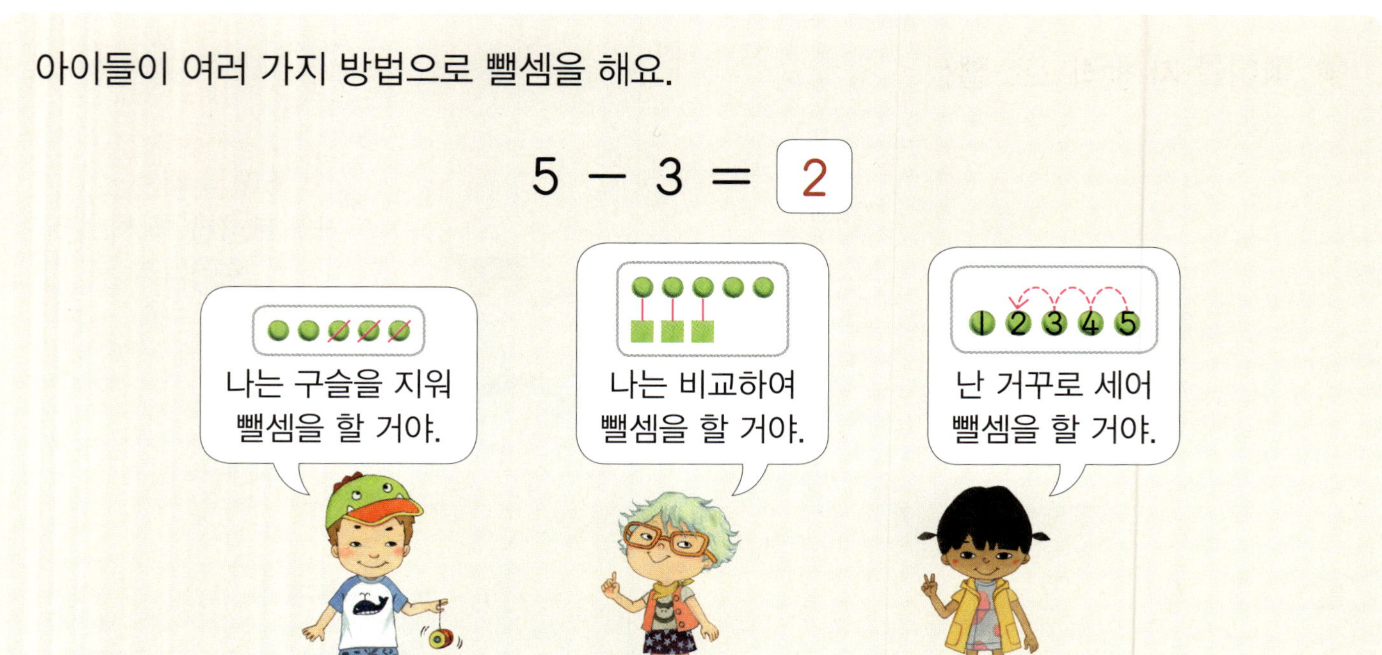

🌳 그림을 보고 뺄셈을 하세요.

❶ 

$9 - 2 = \boxed{}$

❷ 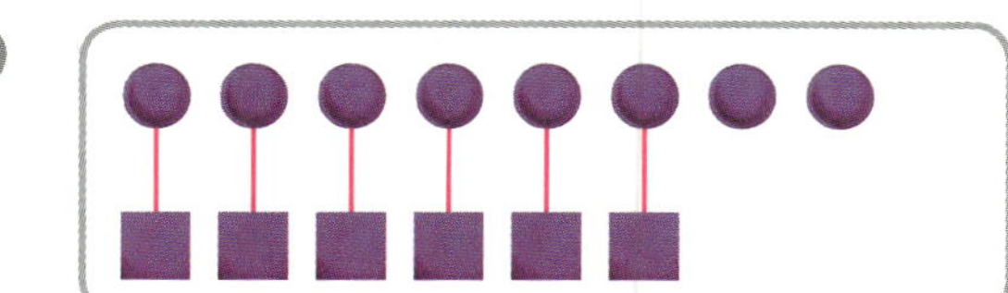

$8 - 6 = \boxed{}$

❸ 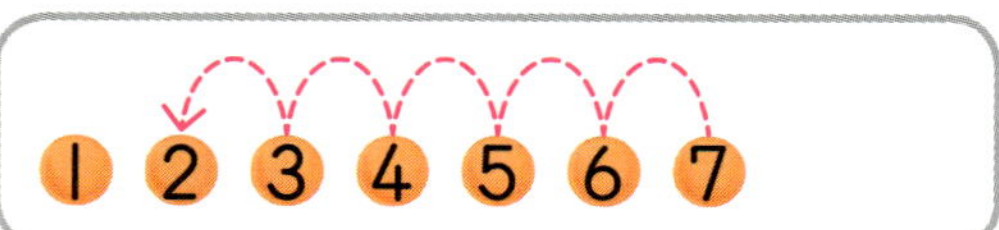

$7 - 5 = \boxed{}$

❹ 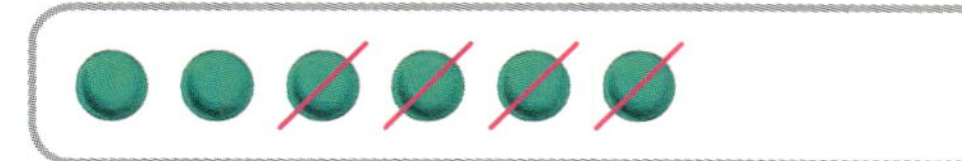

$6 - 4 = \boxed{}$

🌳 여러 가지 방법으로 뺄셈을 하세요.

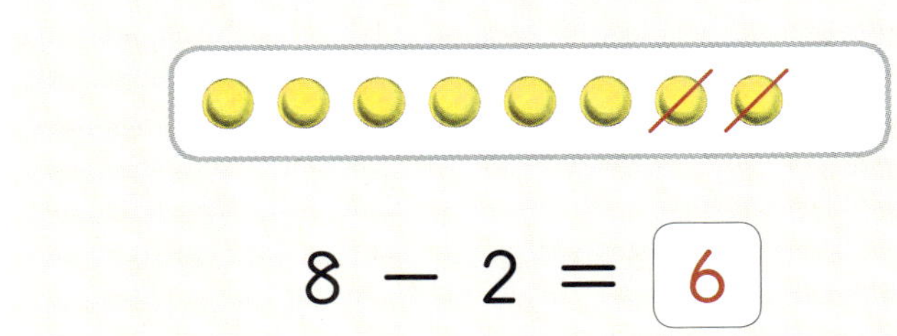

$$8 - 2 = \boxed{6}$$

❶ 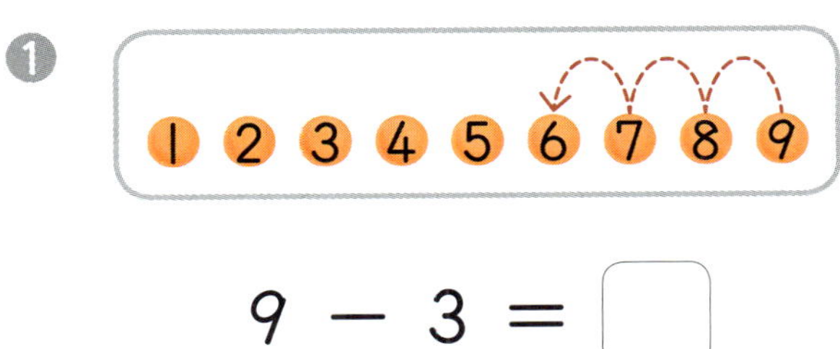

$$9 - 3 = \boxed{}$$

❷

$$6 - 2 = \boxed{}$$

❸ 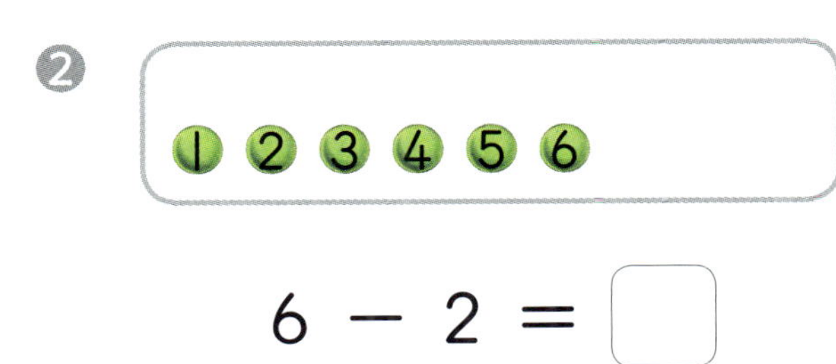

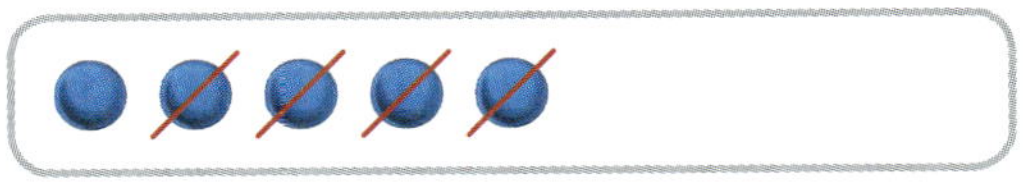

$$5 - 4 = \boxed{}$$

❹

$$8 - 5 = \boxed{}$$

❺ 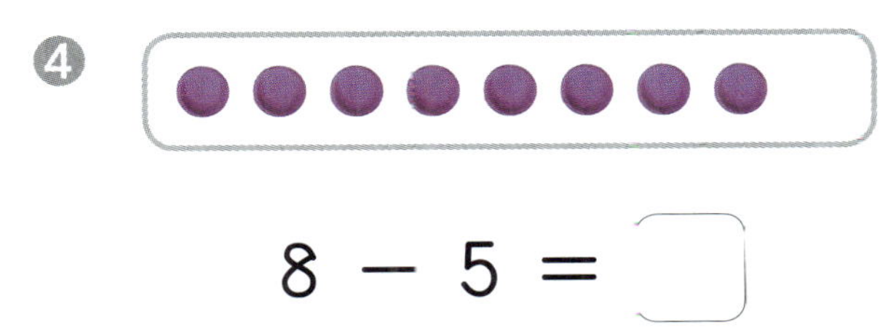

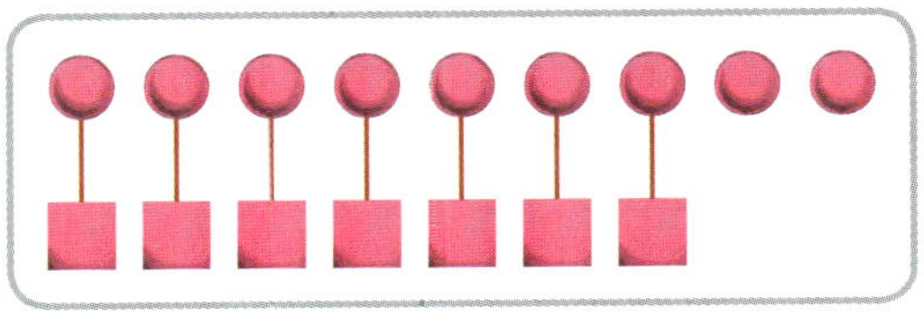

$$9 - 7 = \boxed{}$$

❻

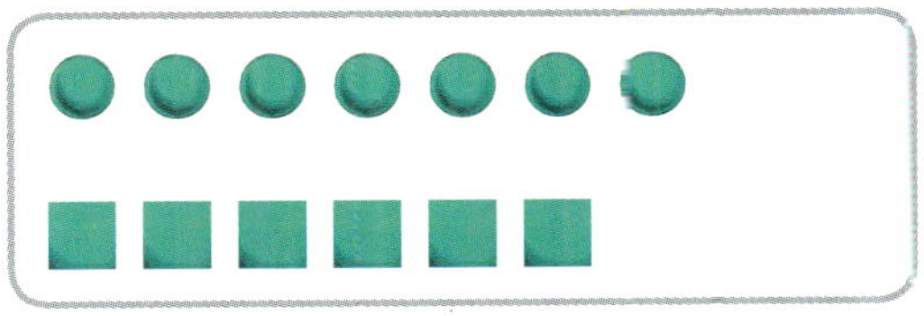

$$7 - 6 = \boxed{}$$

아이들이 각자 편한 방법으로 뺄셈을 하려고 해요.

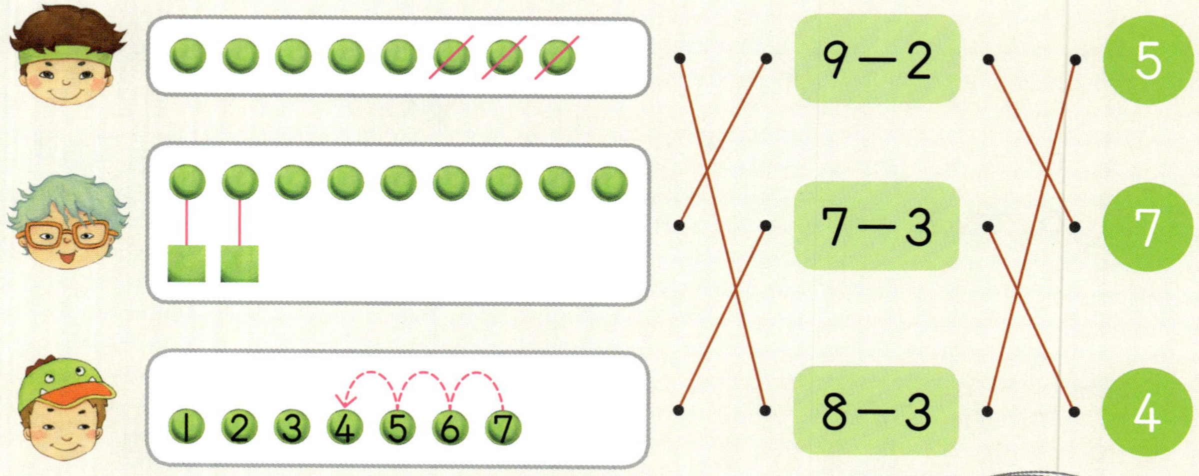

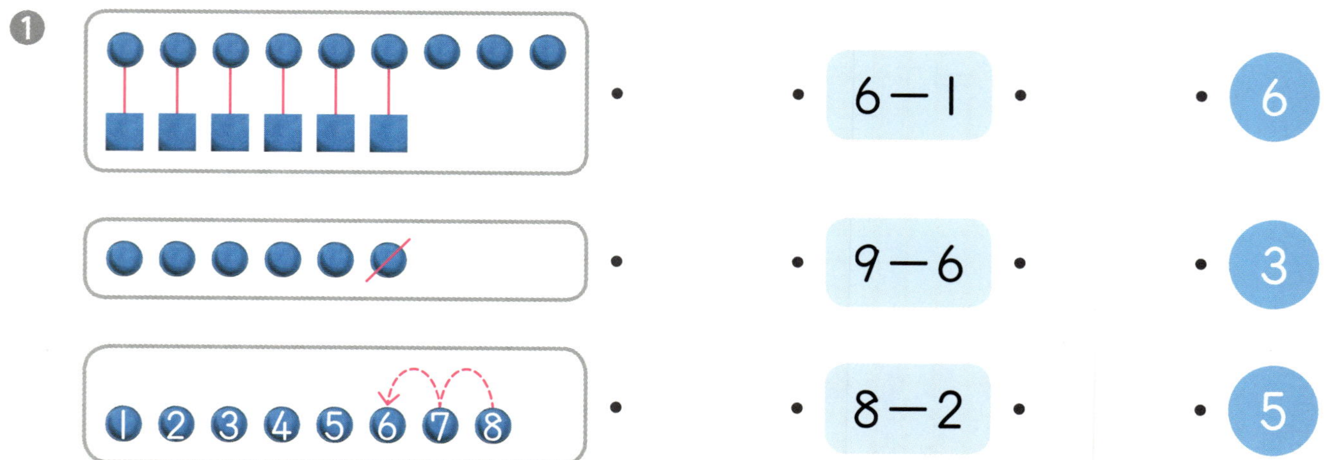

🌳 서로 관계있는 것끼리 선으로 이으세요.

①

6 − 1   6

9 − 6   3

8 − 2   5

🌱 여러 가지 방법으로 뺄셈을 하세요.

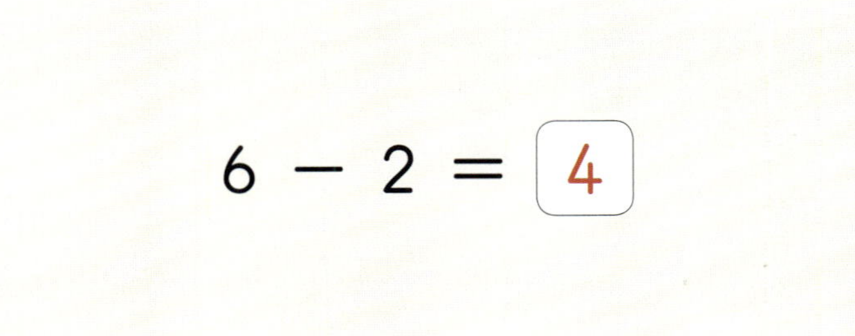

$$6 - 2 = \boxed{4}$$

❶ $5 - 4 = \boxed{}$ ❷ $9 - 7 = \boxed{}$

❸ $7 - 3 = \boxed{}$ ❹ $8 - 7 = \boxed{}$

❺ $9 - 5 = \boxed{}$ ❻ $6 - 3 = \boxed{}$

❼ $5 - 2 = \boxed{}$ ❽ $8 - 6 = \boxed{}$

❾ $3 - 2 = \boxed{}$ ❿ $8 - 1 = \boxed{}$

□가 있는 뺄셈

마법 상자에 구슬 9개를 넣었어요.

🌳 뺄셈식의 오른쪽 수만큼 남도록 구슬을 /로 지웠어요. 지운 구슬의 수를 세어 □ 안에 알맞은 수를 쓰세요.

① 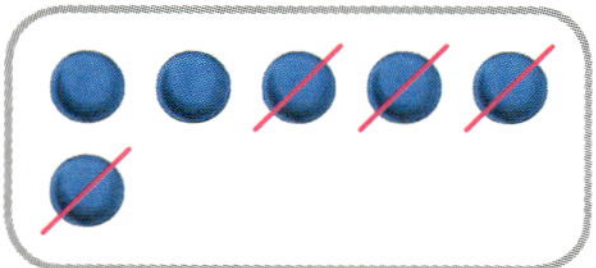

$$6 - \boxed{} = 2$$

② 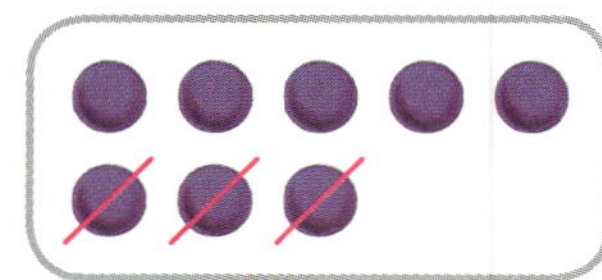

$$8 - \boxed{} = 5$$

③ 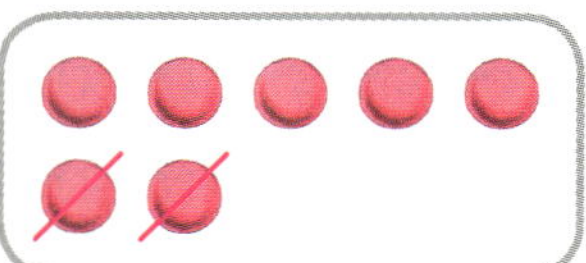

$$7 - \boxed{} = 5$$

④ 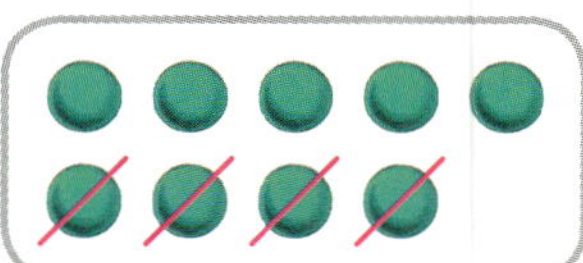

$$9 - \boxed{} = 5$$

⑤ 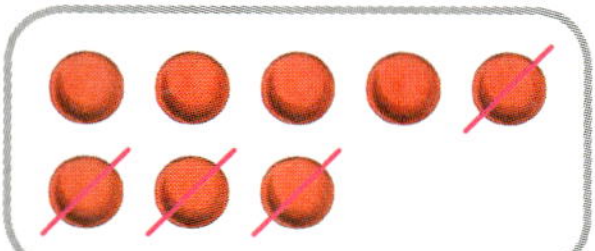

$$8 - \boxed{} = 4$$

⑥ 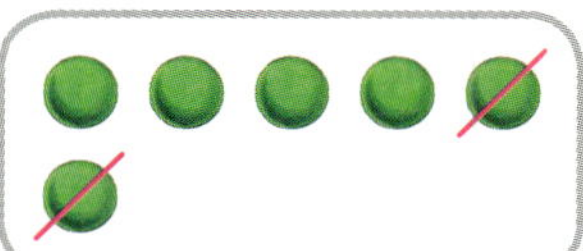

$$6 - \boxed{} = 4$$

빼셈식의 오른쪽 수만큼 남도록 구슬을 /로 지우고 ☐ 안에 알맞은 수를 쓰세요.

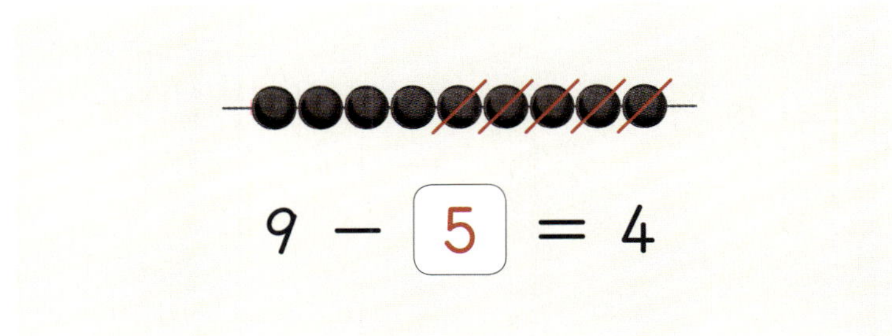

$$9 - \boxed{5} = 4$$

❶ $6 - \boxed{} = 4$

❷ $2 - \boxed{} = 1$

❸ $4 - \boxed{} = 2$

❹ $7 - \boxed{} = 4$

❺ $5 - \boxed{} = 1$

❻ $9 - \boxed{} = 5$

❼ $7 - \boxed{} = 3$

❽ $8 - \boxed{} = 6$

큐리는 □ 안에 알맞은 수가 무엇인지 궁금해요.

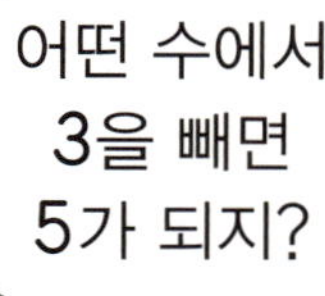

🌳 □ 안에 알맞은 수를 쓰세요.

❶ $\square - 3 = 3$ ❷ $\square - 2 = 5$

❸ $\square - 1 = 1$ ❹ $\square - 1 = 4$

❺ $\square - 3 = 6$ ❻ $\square - 4 = 4$

❼ $\square - 2 = 2$ ❽ $\square - 1 = 8$

❾ $\square - 2 = 4$ ❿ $\square - 2 = 6$

하늘에 풍선 4개가 떠 있어요. ☐ 안에 알맞은 수를 찾아 선을 그어서 말뚝에 연결하세요.

$$☐ - 1 = 7$$

$$☐ - 4 = 3$$

$$3 - 2 = 1$$

$$☐ - 3 = 2$$

🌲 그림을 보고 남은 구슬의 수를 세어 뺄셈을 하세요.

❶ 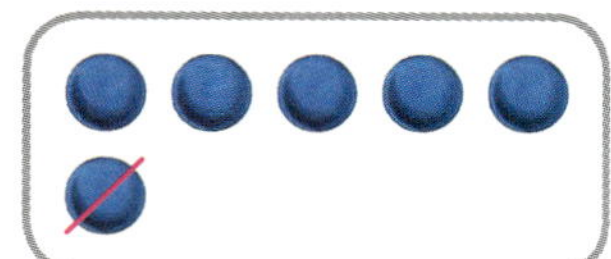

$$6 - 1 = \boxed{}$$

❷ 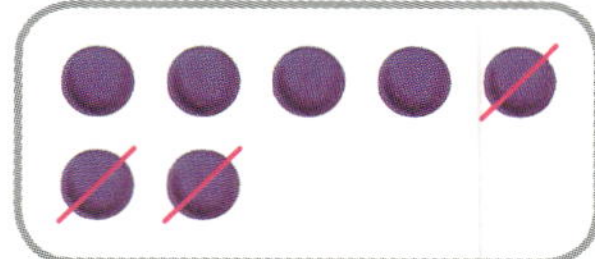

$$7 - 3 = \boxed{}$$

🌲 빼는 수만큼 /로 지우고 남은 구슬의 수를 세어 뺄셈을 하세요.

❸

$$5 - 4 = \boxed{}$$

❹ 

$$9 - 1 = \boxed{}$$

🌲 새와 새집을 하나씩 짝 짓고 남은 새의 수를 세어 뺄셈을 하세요.

❺ 

$$7 - 5 = \boxed{}$$

🌲 빼는 수만큼 묶고 남은 구슬의 수를 세어 뺄셈을 하세요.

❻ 

$$4 - 3 = \boxed{}$$

❼ 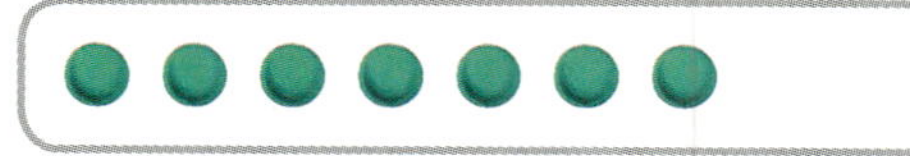

$$7 - 3 = \boxed{}$$

🌲 **거꾸로 세어 뺄셈을 하세요.**

⑧ 

$$6 - 2 = \boxed{}$$

⑨ 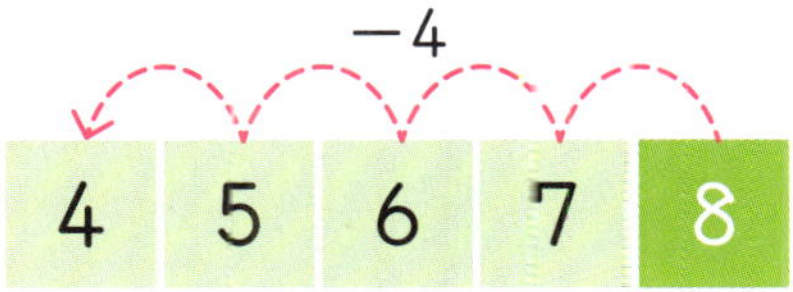

$$8 - 4 = \boxed{}$$

🌲 **뺄셈을 하세요.**

⑩ $8 - 2 = \boxed{}$

⑪ $5 - 1 = \boxed{}$

🌲 **뺄셈식의 오른쪽 수만큼 남도록 구슬을 /로 지우고 ☐ 안에 알맞은 수를 쓰세요.**

⑫ 

$$5 - \boxed{} = 3$$

⑬ 

$$7 - \boxed{} = 5$$

🌲 **☐ 안에 알맞은 수를 쓰세요.**

⑭ $\boxed{} - 4 = 3$

⑮ $\boxed{} - 2 = 7$

연산력 게임

QR코드를 찍으면 다양한 연산 게임을 할 수 있어요.

재미있는 활 쏘기

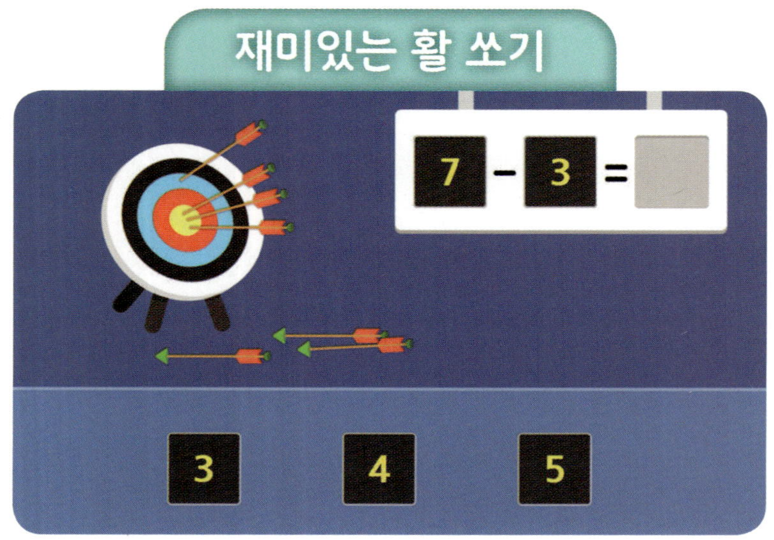

과녁에 맞힌 화살은 몇 개일까요?

뺄셈을 하여 빈 곳에 들어갈 수를 아래쪽에서 찾아 손가락으로 끌어서 넣으세요.
4를 넣으면 정답입니다.

비교하여 뺄셈을 해 보세요.

뺄셈을 하여 두 수의 차를 아래쪽에서 찾아 손가락으로 누르세요.
4를 누르면 정답입니다.

수 막대 뺄셈 놀이

뺄셈구구 전략

▶ 연산 보충 학습(107쪽)에서 더 풀어 보서요.

학부모 지도 가이드

이 차시에서는 받아내림이 있는 뺄셈을 여러 가지 방법으로 배워 봅니다.
앞에서 배운 지우고 비교하여 뺄셈하기, 거꾸로 세어 뺄셈하기 외에 반과 1 큰 수로 갈라 뺄셈하기의 여러 가지 방법으로도 받아내림이 있는 뺄셈을 계산할 수 있다는 것을 알도록 하고 편한 방법을 찾아 능숙하게 뺄셈할 수 있도록 훈련시킵니다.

$$6 - 3 = \boxed{3}$$

$$13 - 7 = \boxed{6}$$

▲ 반을 이용하여 뺄셈하기　　　▲ 하나 더 많은 수를 이용하여 뺄셈하기

지우고 비교하여 뺄셈하기

🌳 빼는 수만큼 /로 지우고 뺄셈을 하세요.

❶ 

$$12 - 6 = \boxed{}$$

❷ 

$$13 - 8 = \boxed{}$$

❸ 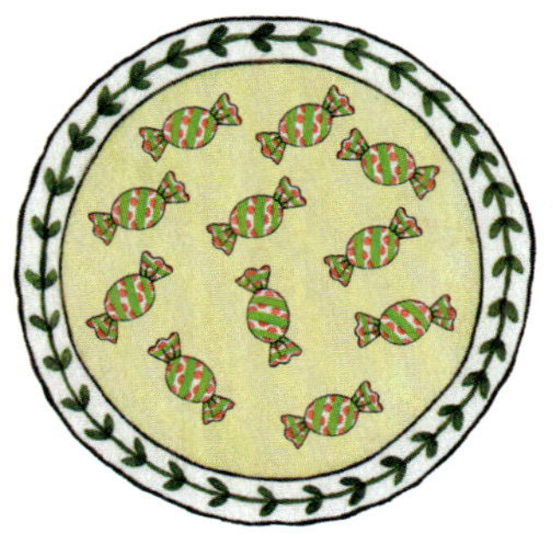

$$11 - 3 = \boxed{}$$

❹ 

$$12 - 5 = \boxed{}$$

🌳 빼는 수만큼 /로 지우고 남은 구슬의 수를 세어 뺄셈을 하세요.

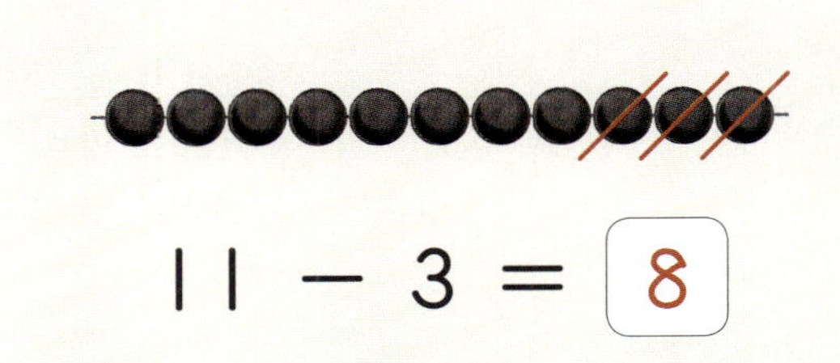

$11 - 3 = \boxed{8}$

❶ $12 - 4 = \boxed{}$

❷ $13 - 5 = \boxed{}$

❸ $11 - 5 = \boxed{}$

❹ $12 - 3 = \boxed{}$

❺ $13 - 7 = \boxed{}$

❻ $14 - 5 = \boxed{}$

❼ $10 - 3 = \boxed{}$

❽ $11 - 2 = \boxed{}$

큐리가 사과와 배를 하나씩 짝 지어 보았어요.

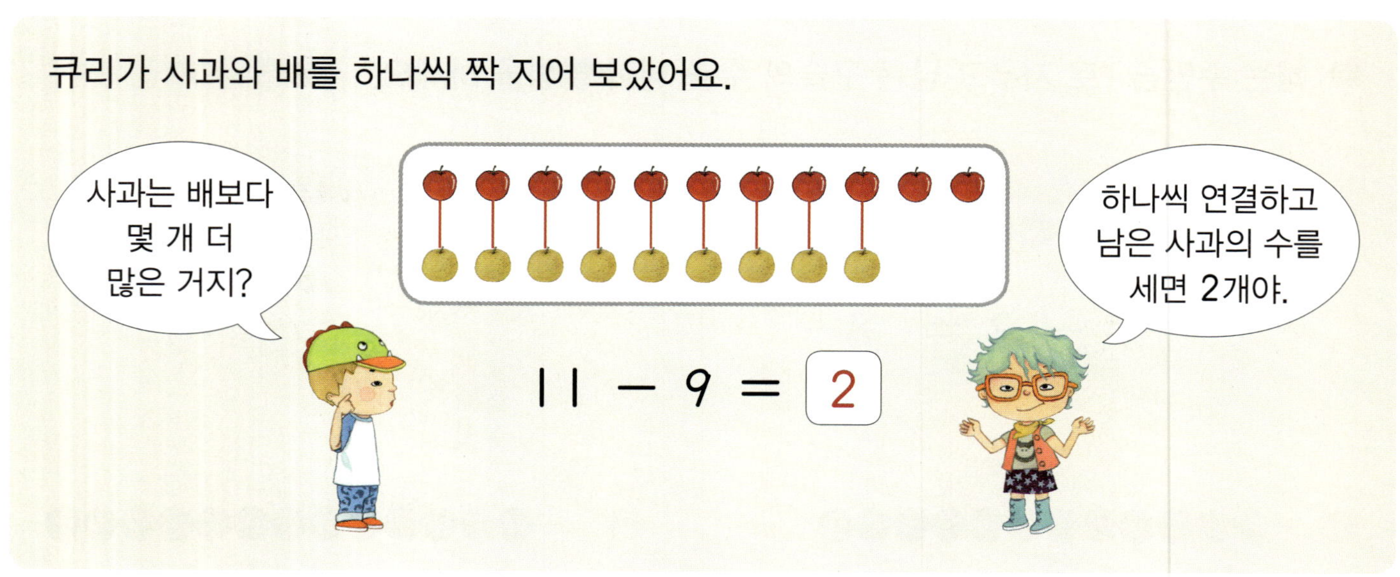

🌳 과일을 하나씩 짝 짓고 남은 과일의 수를 세어 뺄셈을 하세요.

❶ $12 - 8 = \boxed{}$

❷ $13 - 7 = \boxed{}$

❸ $12 - 9 = \boxed{}$

❹ $11 - 6 = \boxed{}$

🌳 **빼는 수만큼 묶고 남은 구슬의 수를 세어 뺄셈을 하세요.**

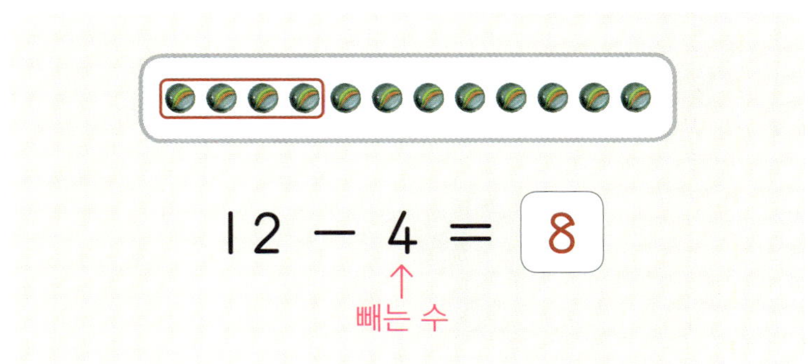

$$12 - 4 = 8$$

빼는 수

①

$$11 - 7 = \boxed{}$$

②

$$10 - 8 = \boxed{}$$

③

$$12 - 9 = \boxed{}$$

④

$$11 - 8 = \boxed{}$$

⑤

$$14 - 6 = \boxed{}$$

⑥

$$13 - 6 = \boxed{}$$

공부한 날

월

일

거꾸로 세어 뺄셈하기

🌱 주사위에 맞게 말이 움직일 칸에 ◯표 하고 뺄셈을 하세요.

❶

$$10 - 2 = \boxed{}$$

❷ 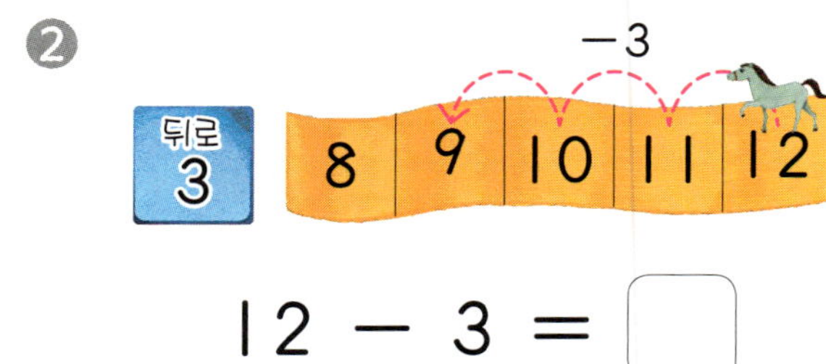

$$12 - 3 = \boxed{}$$

❸

$$11 - 4 = \boxed{}$$

❹ 

$$10 - 1 = \boxed{}$$

❺

$$10 - 3 = \boxed{}$$

❻ 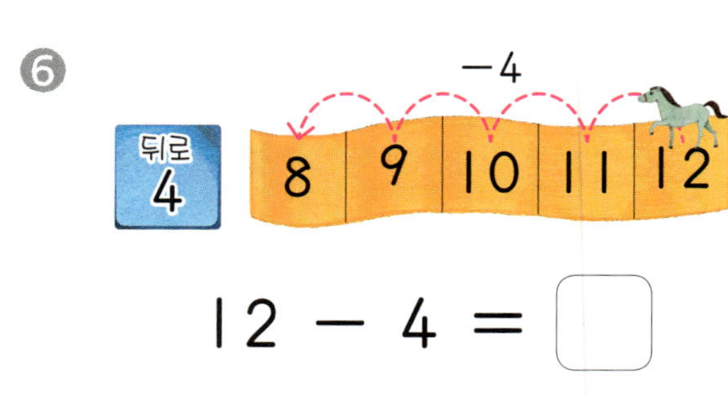

$$12 - 4 = \boxed{}$$

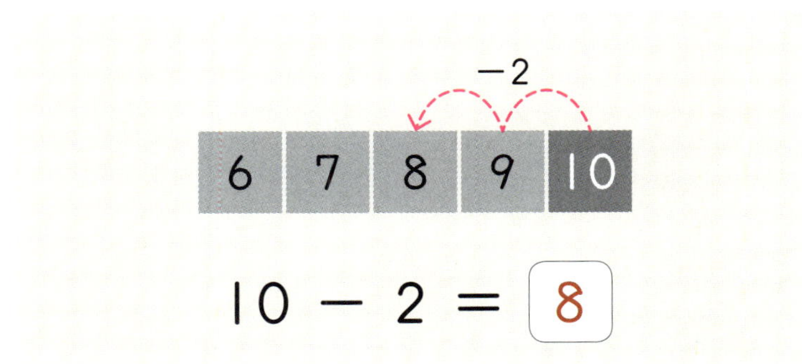

거꾸로 세어 뺄셈을 하세요.

①

11 − 3 = ☐

②

12 − 3 = ☐

③
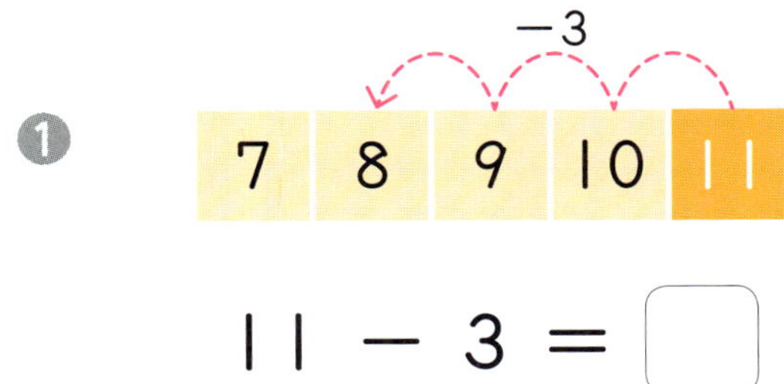

10 − 4 = ☐

④
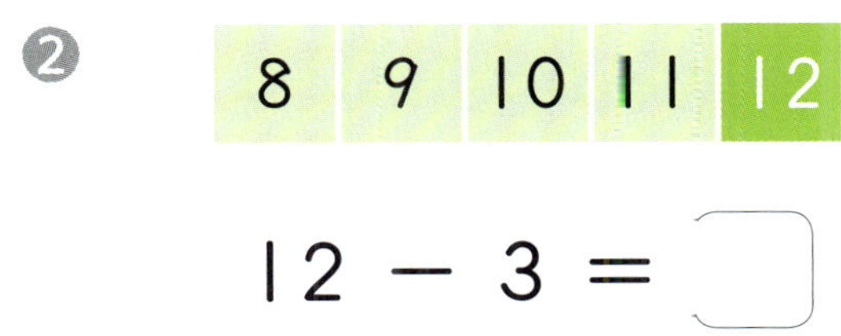

10 − 3 = ☐

⑤

11 − 4 = ☐

⑥

11 − 2 = ☐

기차가 굴뚝에 연기를 뿜으면서 지나가요.

🌳 뺄셈을 하세요.

① 

② 

③ 

④ 

⑤ 

⑥ 

🌳 **뺄셈을 하세요.**

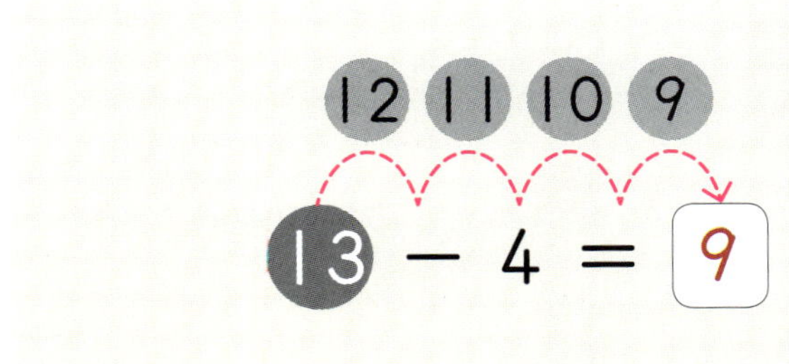

❶ 10 − 1 = ☐

❷ 10 − 3 = ☐

❸ 11 − 3 = ☐

❹ 12 − 3 = ☐

❺ 11 − 4 = ☐

❻ 10 − 2 = ☐

❼ 10 − 4 = ☐

❽ 11 − 6 = ☐

❾ 13 − 5 = ☐

❿ 14 − 6 = ☐

🌳 초콜릿을 똑같이 나누려고 해요. 그림을 보고 빈칸에 알맞은 수를 쓰세요.

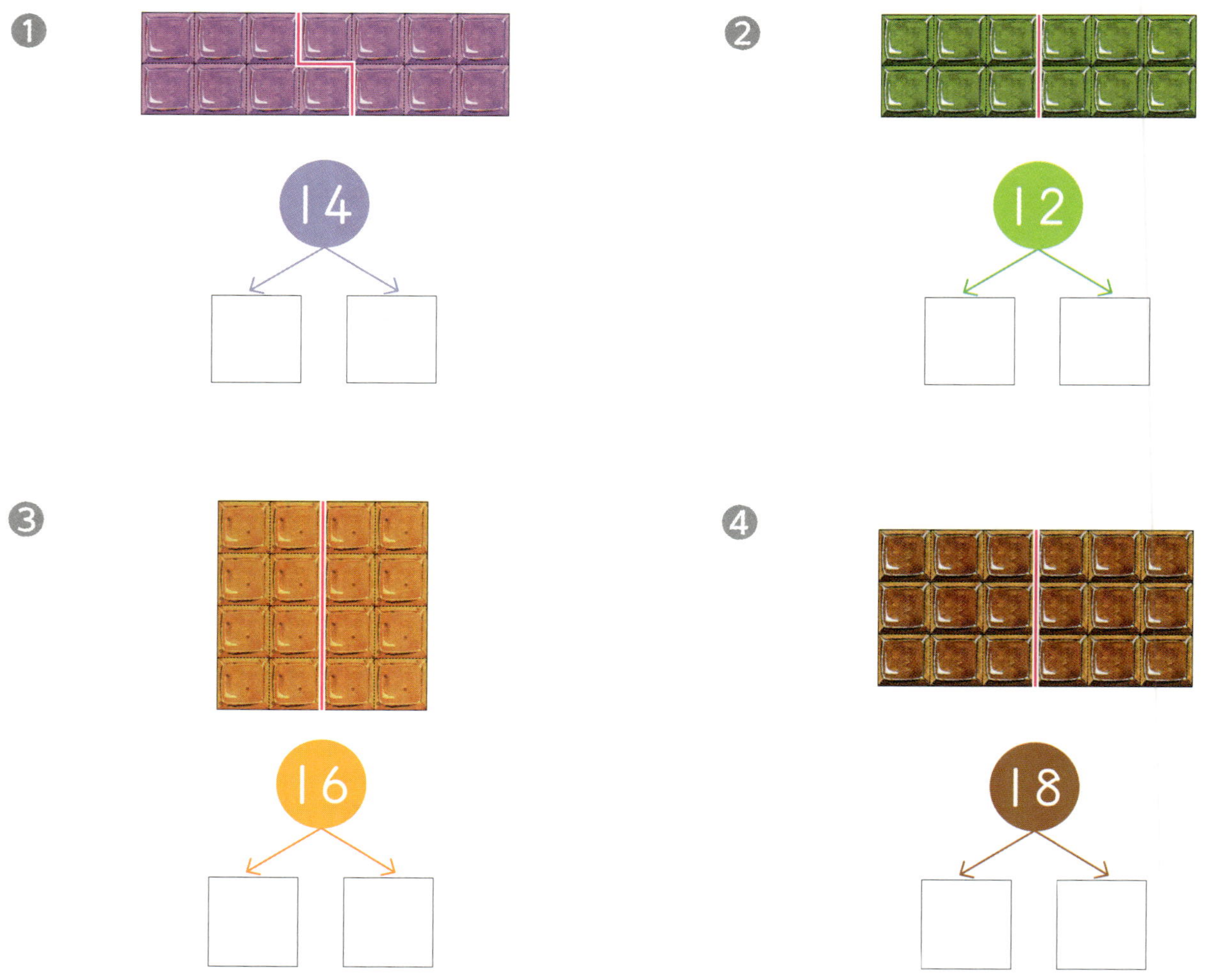

두 수를 똑같이 반으로 갈랐어요. 빈칸에 알맞은 수를 쓰세요.

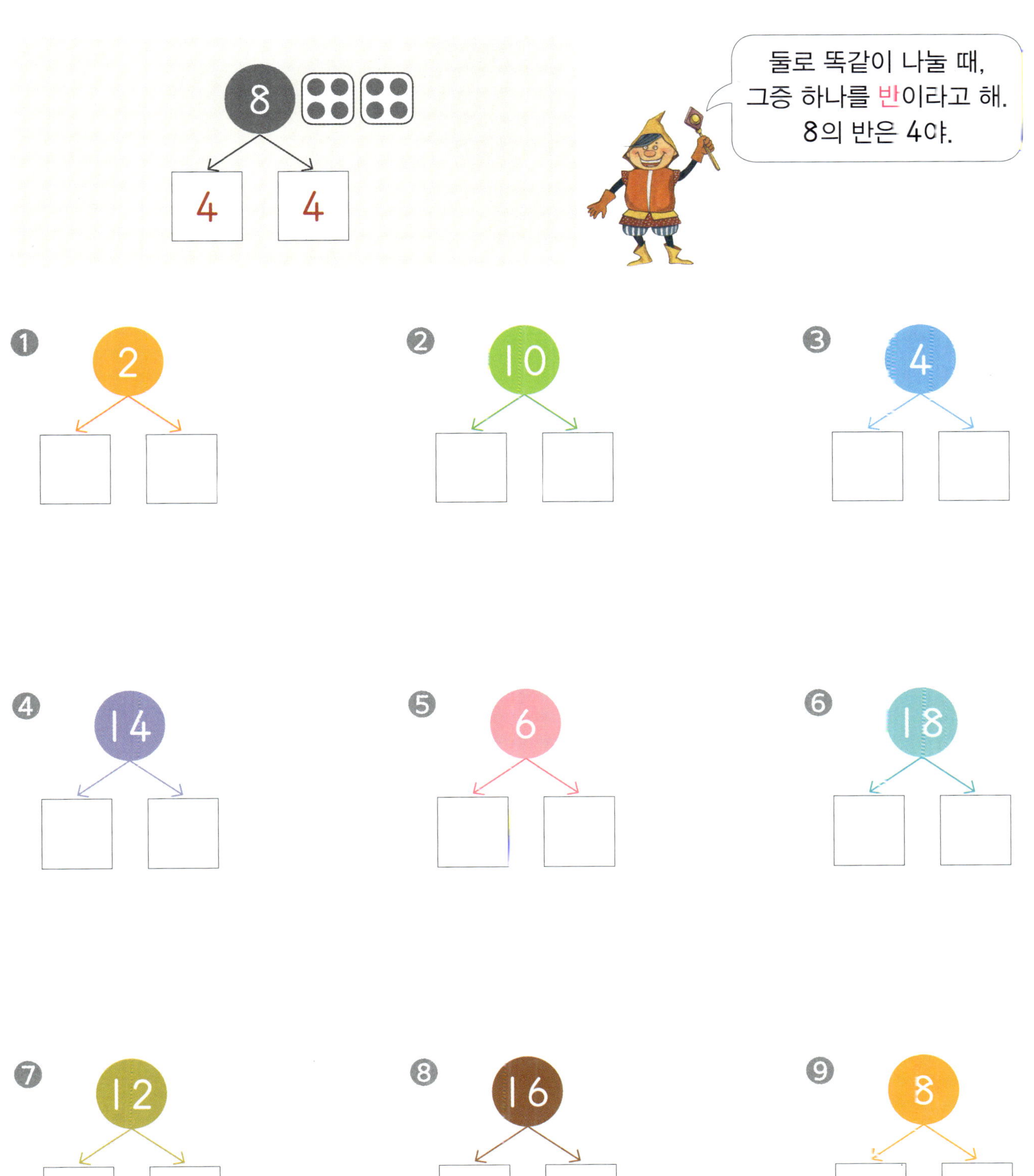
둘로 똑같이 나눌 때,
그중 하나를 반이라고 해.
8의 반은 4야.

울보 요괴와 한입 요괴가 초콜릿을 나누어 가지려고 해요.

🌳 오른쪽이 하나 더 많게 둘로 갈랐어요. 그림을 보고 빈칸에 알맞은 수를 쓰세요.

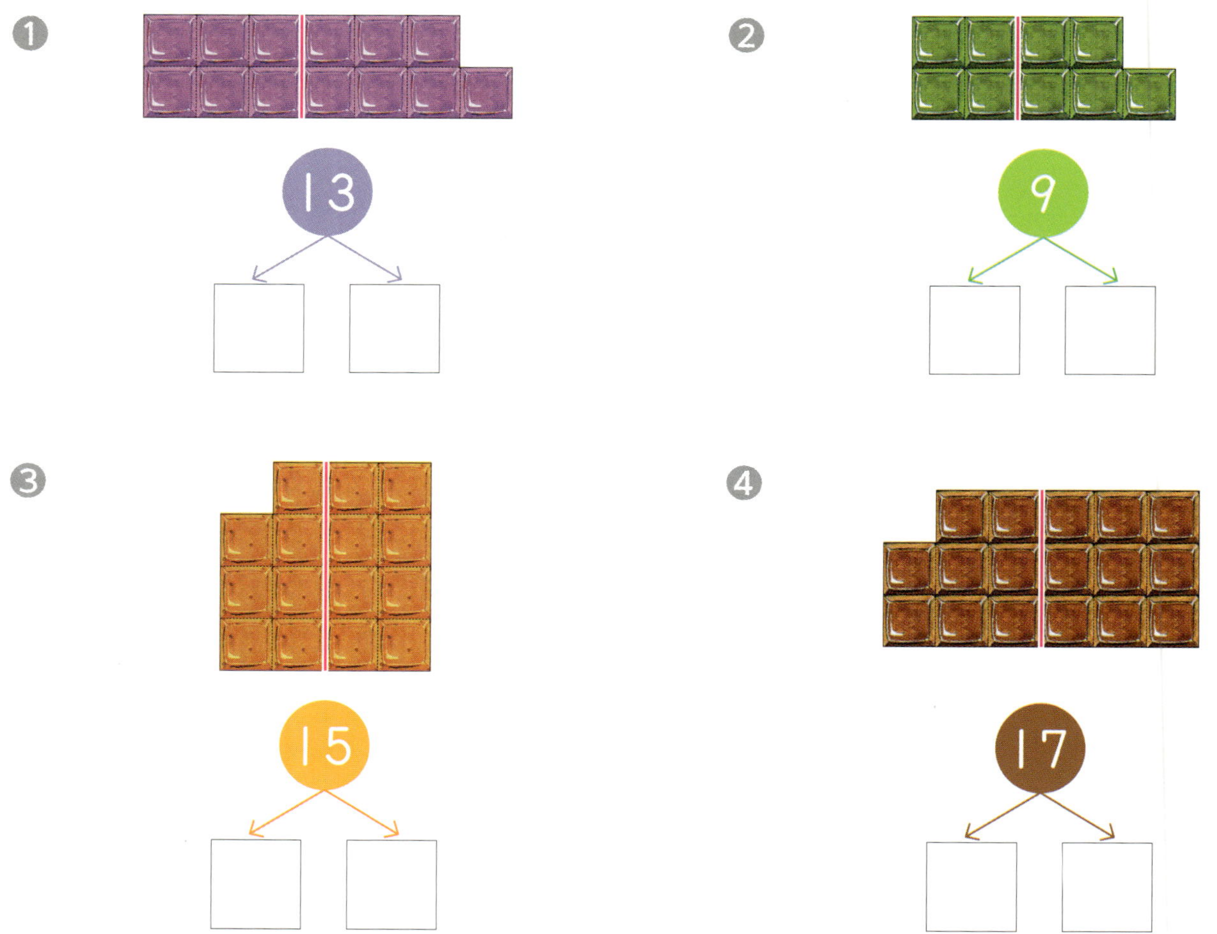

오른쪽이 하나 더 많게 갈랐어요. 빈칸에 알맞은 수를 쓰세요.

7
3
4

6을 똑같이
나누면 3과 3이야.
7은 똑같이
나눌 수 없어.

①

3

②

5

③

11

공부한 날
월
일

④

15

⑤

7

⑥

9

⑦

17

⑧

13

오른쪽에
더 큰 수를 써!

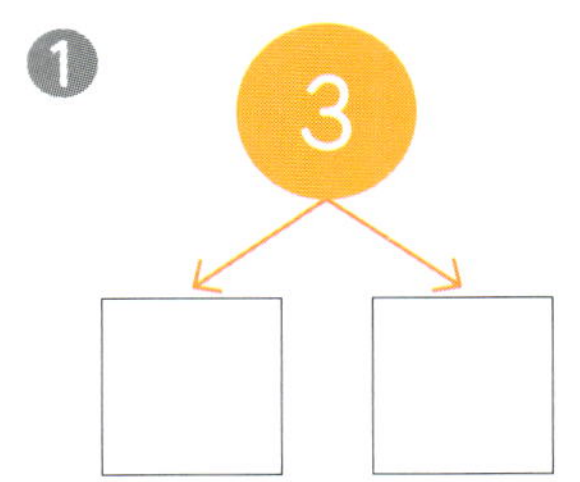

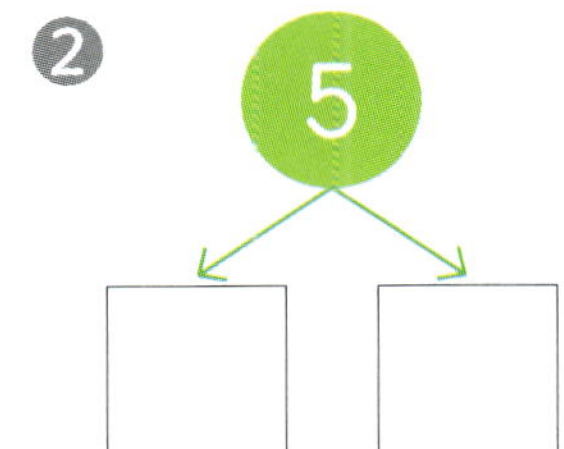

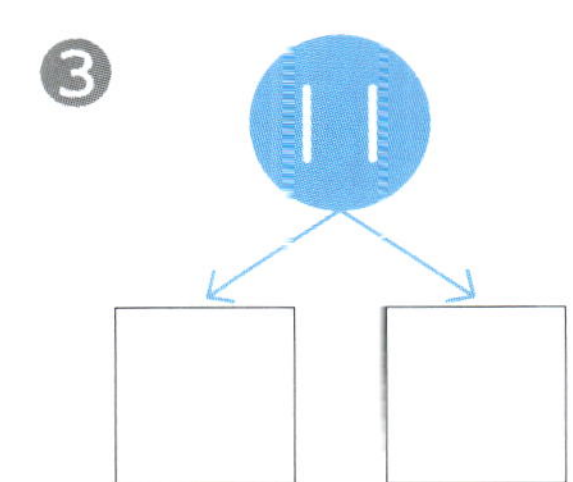

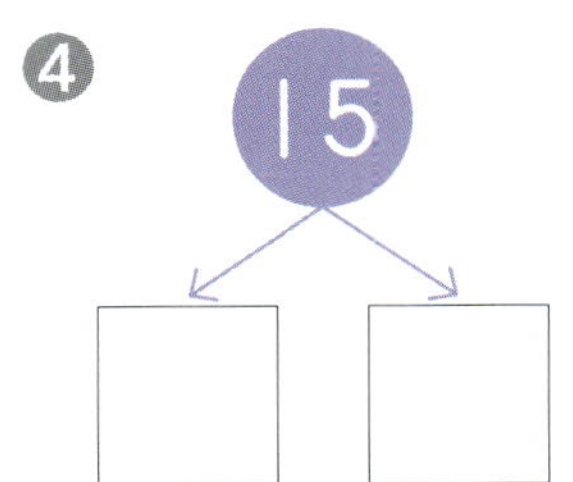

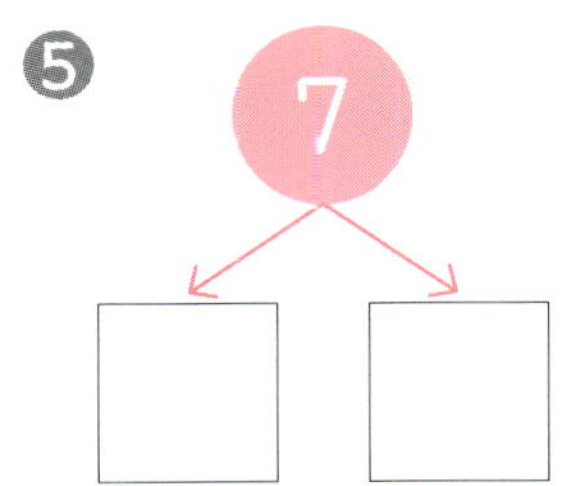

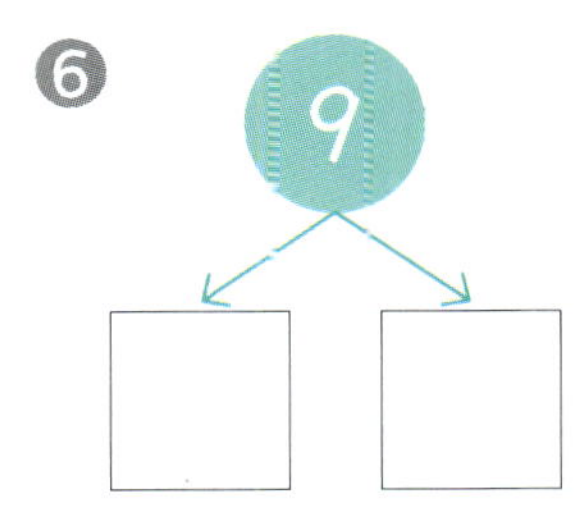

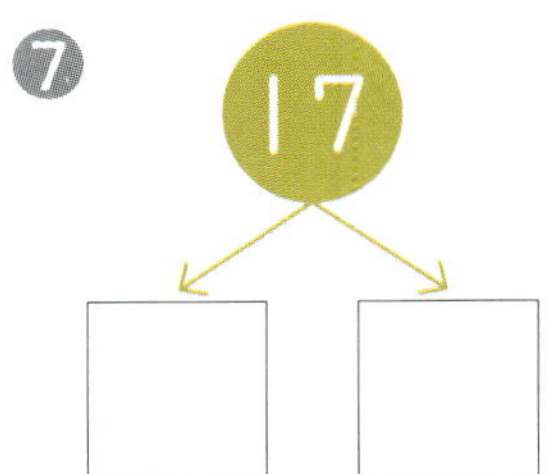

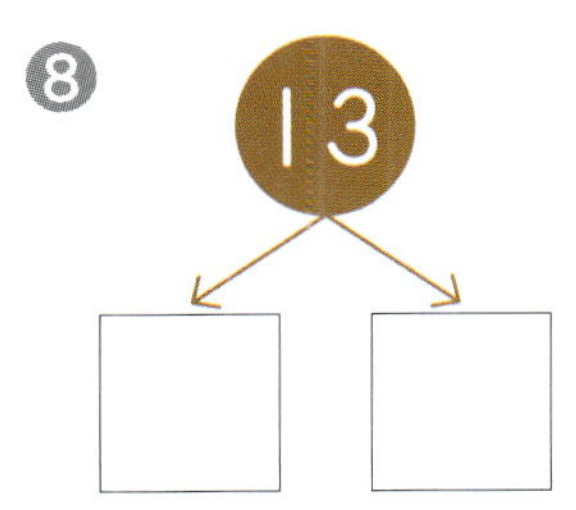

반을 이용하여 뺄셈하기

딴짓 요괴와 멍하니 요괴가 마법 방망이를 반씩 나누어 가지려고 해요.

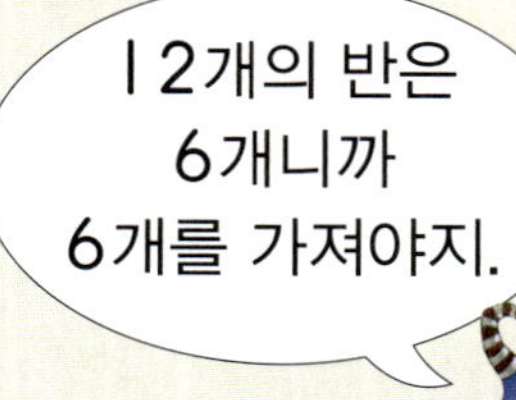

$$12 - 6 = \boxed{6}$$

🌱 선을 그어 반씩 나누고 뺄셈을 하세요.

❶ 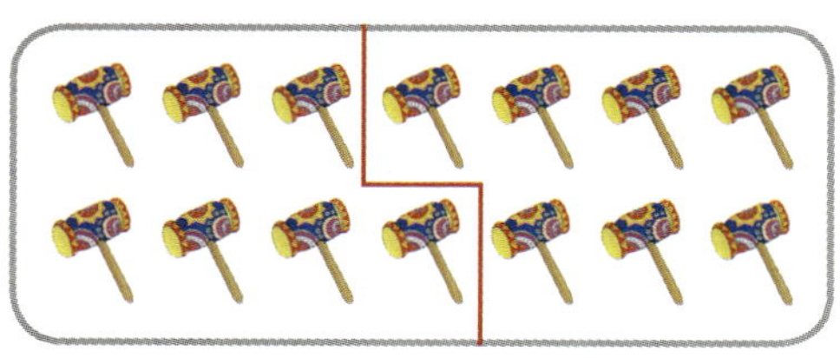

$$14 - 7 = \boxed{}$$

❷ 

$$10 - 5 = \boxed{}$$

❸ 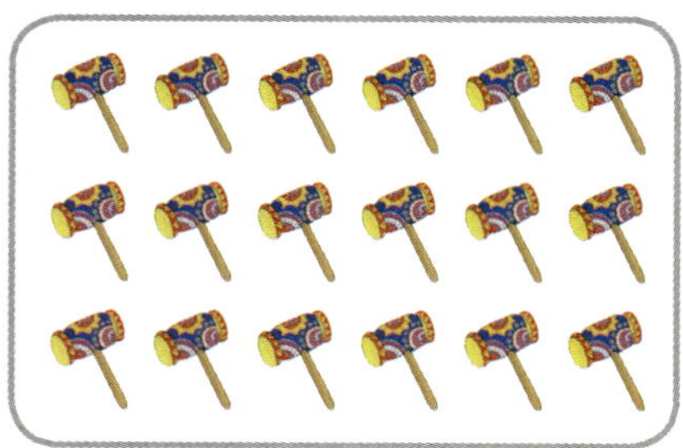

$$18 - 9 = \boxed{}$$

❹ 

$$16 - 8 = \boxed{}$$

🌳 반을 이용하여 뺄셈을 하세요.

$$6 - 3 = \boxed{3}$$

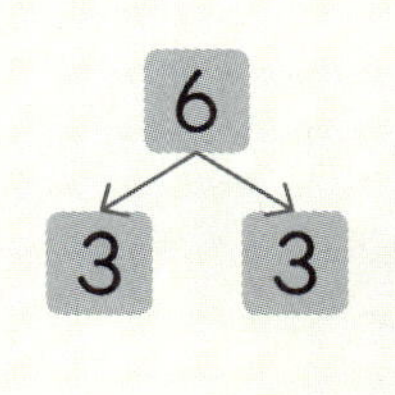

❶ $2 - 1 = \boxed{}$ ❷ $12 - 6 = \boxed{}$

❸ $10 - 5 = \boxed{}$ ❹ $16 - 8 = \boxed{}$

❺ $4 - 2 = \boxed{}$ ❻ $18 - 9 = \boxed{}$

❼ $8 - 4 = \boxed{}$ ❽ $14 - 7 = \boxed{}$

티나가 모빌 저울로 장난감의 무게를 비교하고 있어요.

🌳 오른쪽 수가 하나 더 많게 수를 갈랐어요. 그림을 보고 뺄셈을 하세요.

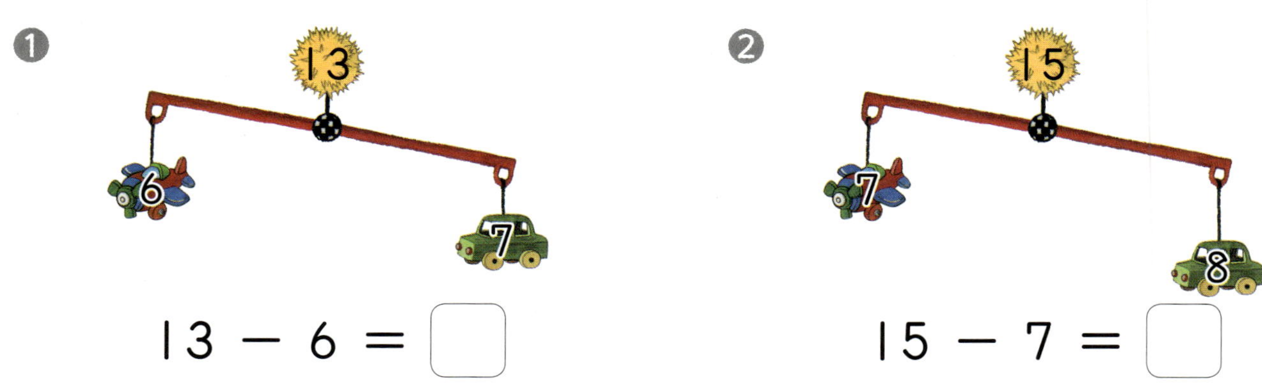

🌳 하나 더 많게 갈라 뺄셈을 하세요.

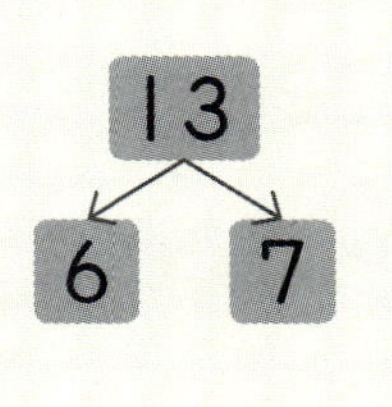

$$13 - 7 = \boxed{6}$$

❶ $11 - 5 = \boxed{}$

❷ $15 - 8 = \boxed{}$

❸ $15 - 7 = \boxed{}$

❹ $11 - 6 = \boxed{}$

❺ $17 - 8 = \boxed{}$

❻ $13 - 6 = \boxed{}$

❼ $17 - 9 = \boxed{}$

❽ $13 - 7 = \boxed{}$

🌲 빼는 수만큼 /로 지우고 남은 구슬의 수를 세어 뺄셈을 하세요.

❶ 12 − 4 = ☐

❷ 13 − 8 = ☐

🌲 과일을 하나씩 짝 짓고 남은 과일의 수를 세어 뺄셈을 하세요.

❸

15 − 6 = ☐

🌲 거꾸로 세어 뺄셈을 하세요.

❹ 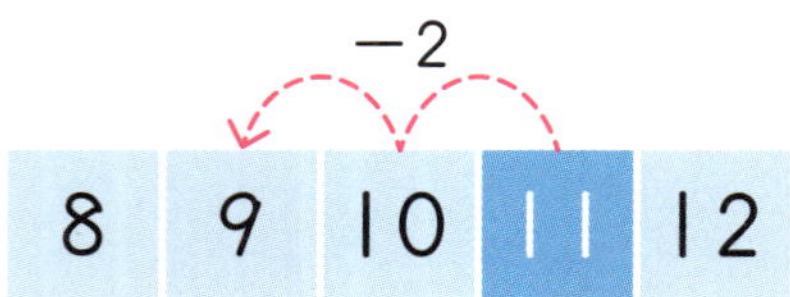

11 − 2 = ☐

❺ 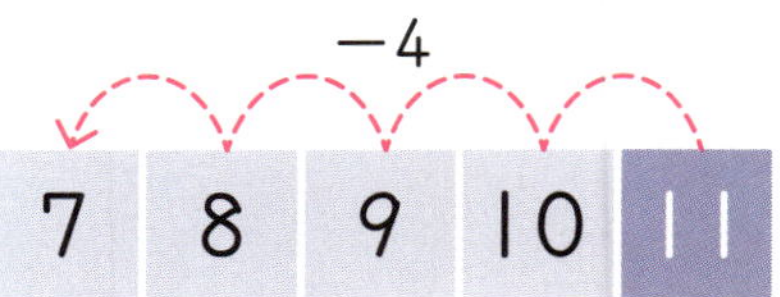

11 − 4 = ☐

🌲 뺄셈을 하세요.

❻ 13 − 4 = ☐

❼ 14 − 5 = ☐

🌲 두 수를 똑같이 반으로 갈랐어요. 빈칸에 알맞은 수를 쓰세요.

⑧ 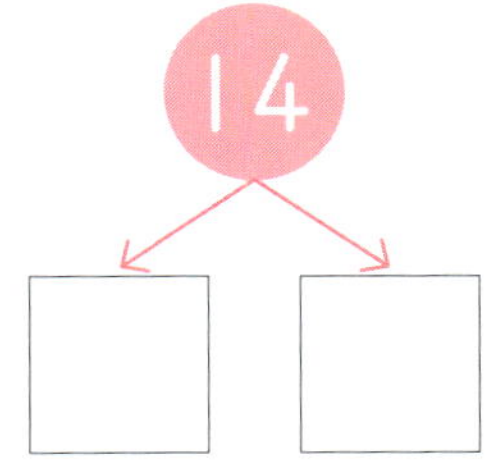

⑨ 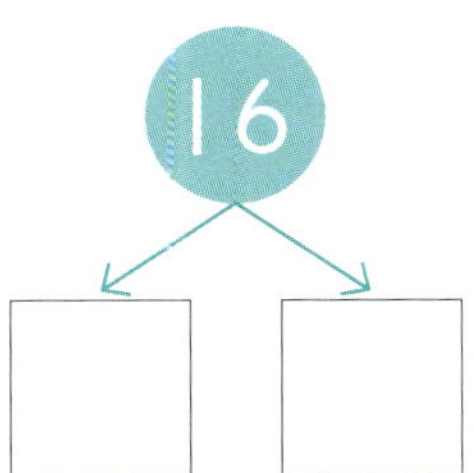

⑩ 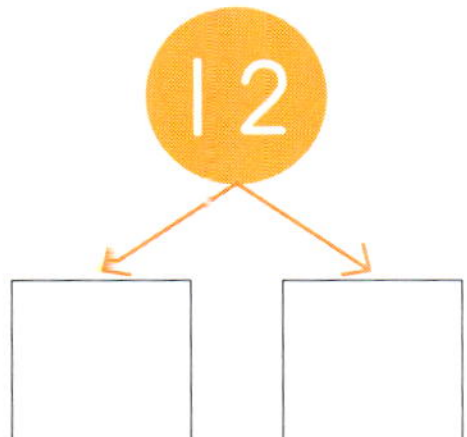

🌲 오른쪽이 하나 더 많게 갈랐어요. 빈칸에 알맞은 수를 쓰세요.

⑪ 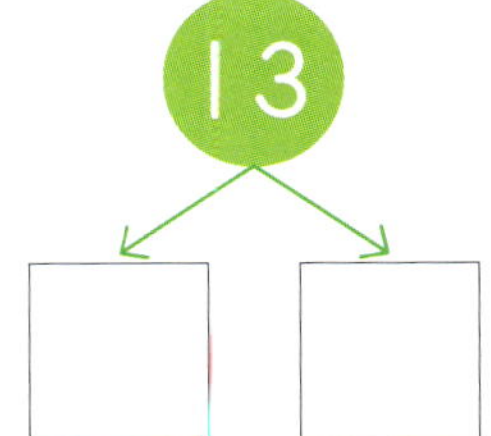

⑫ 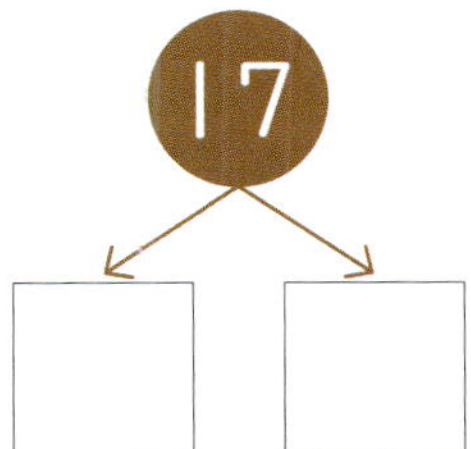

⑬ 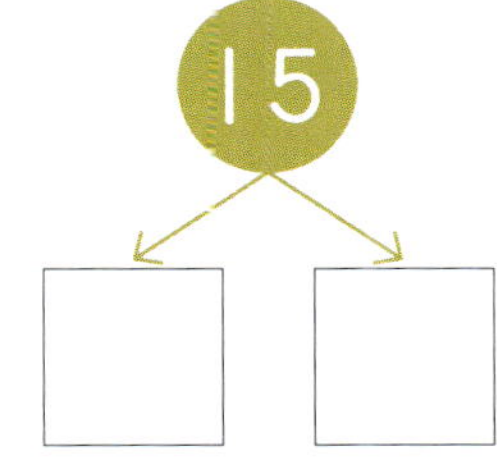

🌲 반을 이용하여 뺄셈을 하세요.

⑭ $12 - 6 = \boxed{}$

⑮ $18 - 9 = \boxed{}$

🌲 하나 더 많게 갈라 뺄셈을 하세요.

⑯ $11 - 5 = \boxed{}$

⑰ $15 - 8 = \boxed{}$

연산력 게임

QR코드를 찍으면 다양한 연산 게임을 할 수 있어요.

수를 똑같이 가르거나 하나 더 많게 갈라 보아요.

위쪽 수를 가르기 하여 빈 곳에 들어갈 수를 오른쪽에서 찾아 손가락으로 끌어서 넣으세요.
7을 넣으면 정답입니다.

수첩에 적힌 뺄셈식의 결과를 입력해 보세요.

뺄셈을 하여 계산 결과를 오른쪽 버튼에서 찾아 손가락으로 누른 다음 확인 버튼을 누르세요.
4를 누르고 확인 버튼을 누르면 정답입니다.

10에서 뺄셈하기

▶ 연산 보충 학습(108~109쪽)에서 더 풀어 보세요.

학부모 지도 가이드

이 차시에서는 10에서 빼기를 훈련한 후에 10에서 빼고 더하는 세 수의 계산과 10이 되는 두 수를 찾아 빼는 세 수의 계산을 공부하게 됩니다. 10에서 빼기를 충분히 익힌 후 10을 이용한 빼고 더하기, 빼고 빼기 문제를 해결할 수 있도록 지도해 주세요.

$$10 - 7 + 5 = 8$$
$$3 + 5 = 8$$

▲ 10에서 빼고 더하기

$$16 - 6 - 8 = 2$$
$$10 - 8 = 2$$

▲ 10이 되는 두 수 찾아 빼기

10에서 빼기

요괴들이 몰려와 음료수를 마셨어요.

$10 - 6 =$ 4

🌳 음료수 10병 중 남은 병의 수를 세어 뺄셈을 하세요.

❶ $10 - 3 =$ ☐

❷ $10 - 7 =$ ☐

❸ $10 - 5 =$ ☐

❹  $10 - 8 =$ ☐

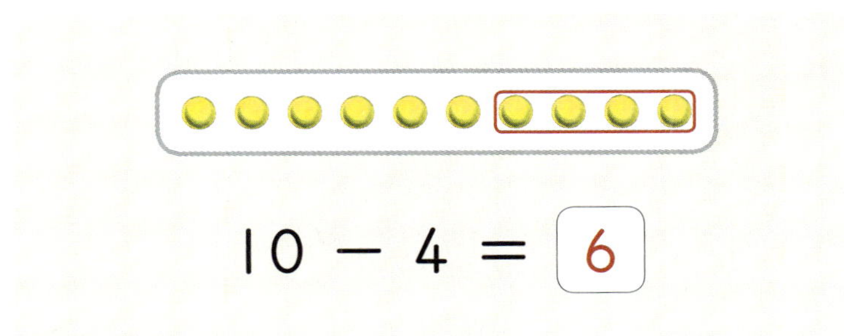

$$10 - 4 = \boxed{6}$$

❶
$$10 - 1 = \boxed{}$$

❷
$$10 - 7 = \boxed{}$$

❸
$$10 - 3 = \boxed{}$$

❹
$$10 - 2 = \boxed{}$$

❺
$$10 - 8 = \boxed{}$$

❻
$$10 - 5 = \boxed{}$$

티나와 현우가 잎새 따기 놀이를 해요.

🌳 빼셈을 하여 계산 결과에 맞는 잎새를 찾아 색칠하세요.

❶

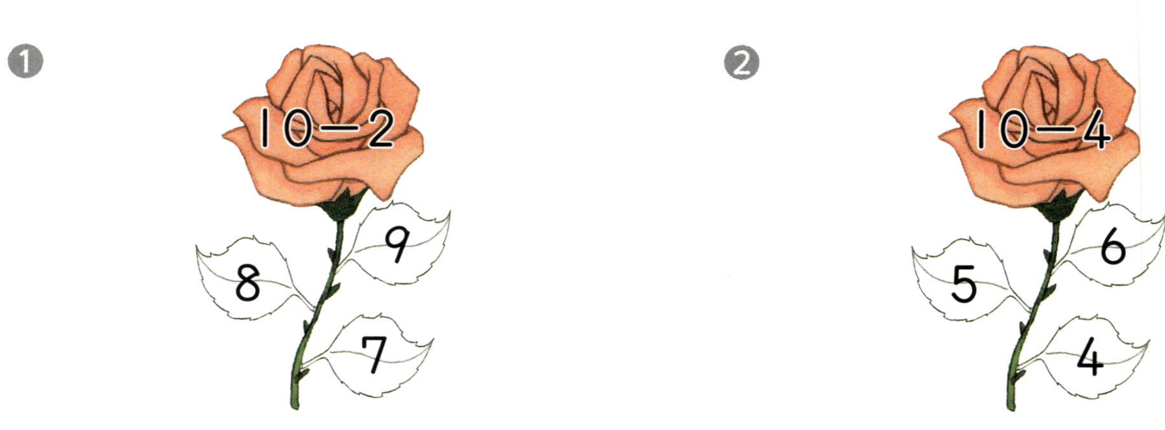

❷

❸

❹

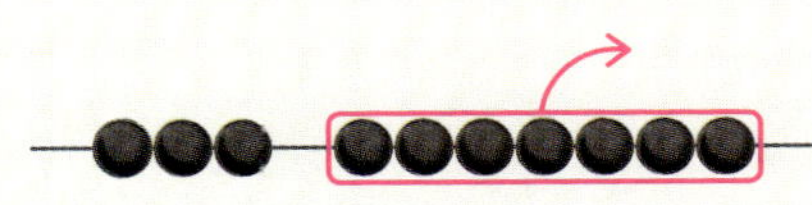

$$10 - 7 = \boxed{3}$$

❶ $10 - 8 = \boxed{}$　　　❷ $10 - 4 = \boxed{}$

❸ $10 - 3 = \boxed{}$　　　❹ $10 - 6 = \boxed{}$

❺ $10 - 5 = \boxed{}$　　　❻ $10 - 7 = \boxed{}$

❼ $10 - 9 = \boxed{}$　　　❽ $10 - 1 = \boxed{}$

10에서 빼고 더하기

아이들이 냉장고에 있던 음료수를 마시고 다시 채워 넣었어요.

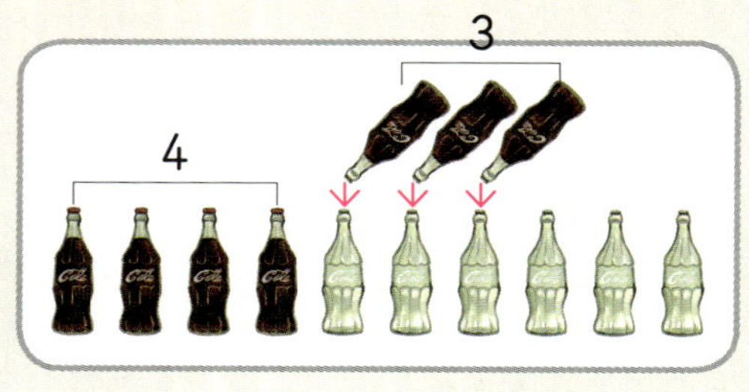

$$10 - 6 + 3 = \boxed{7}$$

🌳 그림을 보고 계산을 하세요.

①

$$10 - 5 + 4 = \boxed{}$$

②

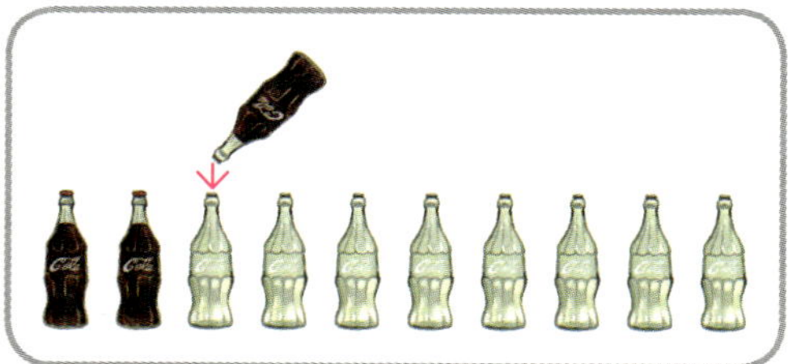

$$10 - 8 + 1 = \boxed{}$$

③

$$10 - 7 + 3 = \boxed{}$$

🌲 ☐ 안에 알맞은 수를 쓰세요.

$$10 - 5 + 1 = \boxed{6}$$
$$\boxed{5} + 1 = \boxed{6}$$

❶ $10 - 6 + 4 = \boxed{}$
   $\boxed{} + 4 = \boxed{}$

❷ $10 - 4 + 3 = \boxed{}$
   $\boxed{} + 3 = \boxed{}$

❸ $10 - 7 + 4 = \boxed{}$
   $\boxed{} + 4 = \boxed{}$

❹ $10 - 9 + 3 = \boxed{}$
   $\boxed{} + 3 = \boxed{}$

❺ $10 - 3 + 1 = \boxed{}$
   $\boxed{} + 1 = \boxed{}$

❻ $10 - 8 + 3 = \boxed{}$
   $\boxed{} + 3 = \boxed{}$

한입 요괴가 귤 10개 중 7개를 먹고 다시 5개를 채웠어요.

$$10 - 7 + 5 = \boxed{8}$$

3+5=8

🌳 계산을 하세요.

① $10 - 9 + 7 =$ ☐

② $10 - 7 + 1 =$ ☐

③ $10 - 6 + 3 =$ ☐

④ $10 - 9 + 2 =$ ☐

⑤ $10 - 8 + 4 =$ ☐

⑥ $10 - 7 + 6 =$ ☐

⑦ $10 - 9 + 1 =$ ☐

⑧ $10 - 3 + 2 =$ ☐

동물들이 집을 찾아가려고 해요.

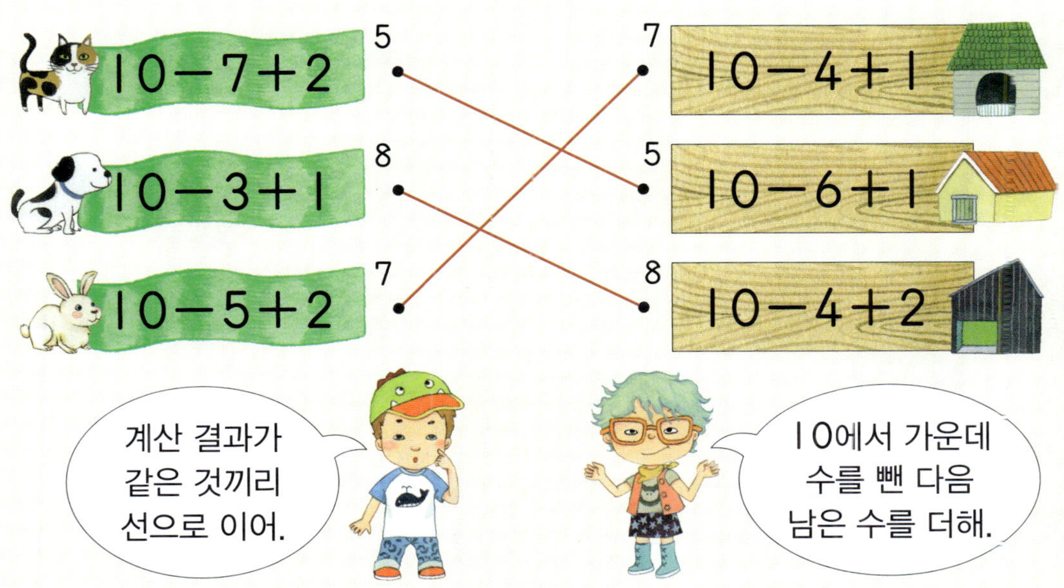

🌳 계산 결과가 같은 것끼리 선으로 이으세요.

①

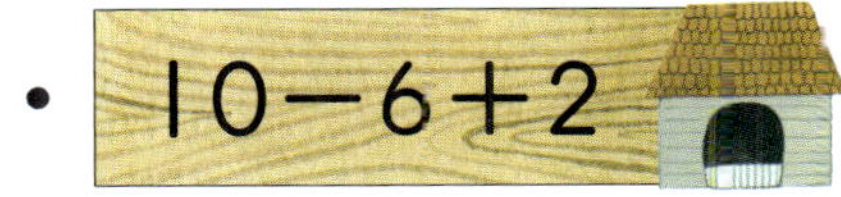

10−8+2 ·   · 10−6+2

10−6+1 ·   · 10−8+3

10−5+1 ·   · 10−9+3

②

10−6+3 ·   · 10−6+4

10−4+2 ·   · 10−8+7

10−9+8 ·   · 10−7+4

10이 되는 두 수 찾아 뺄셈하기

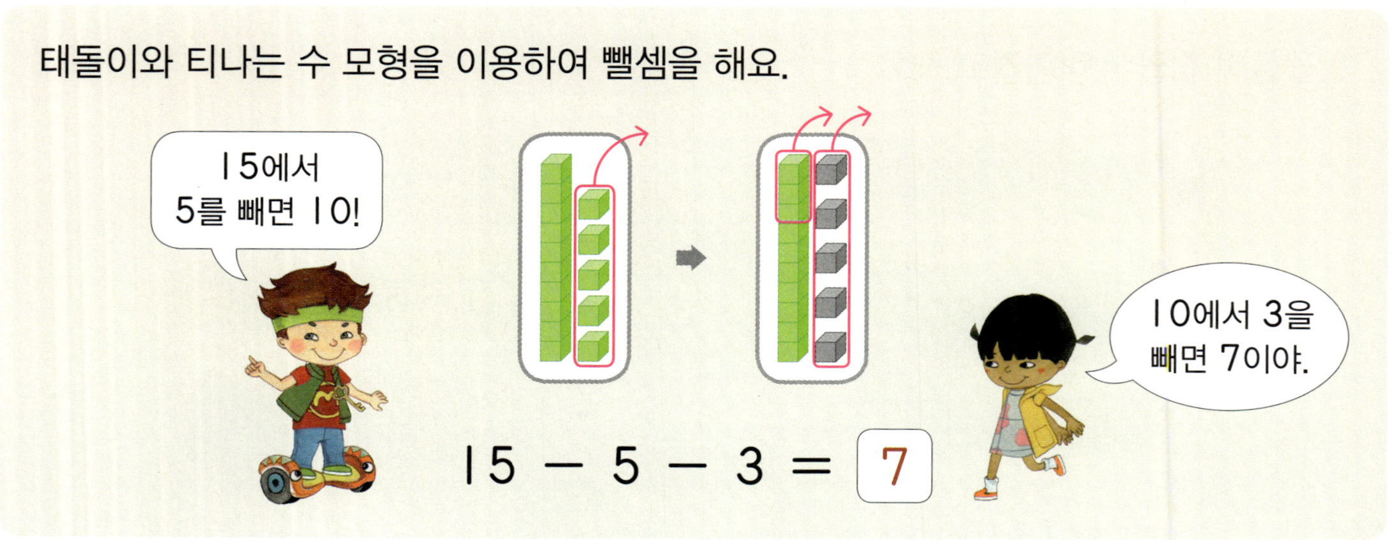

🌳 그림을 보고 뺄셈을 하세요.

❶ 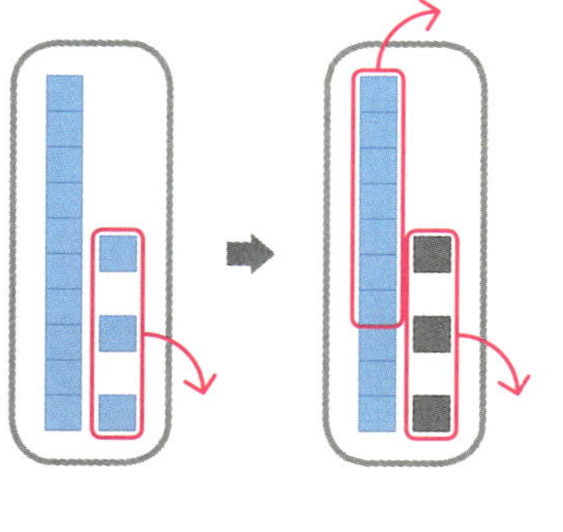

13 − 3 − 7 =

❷ 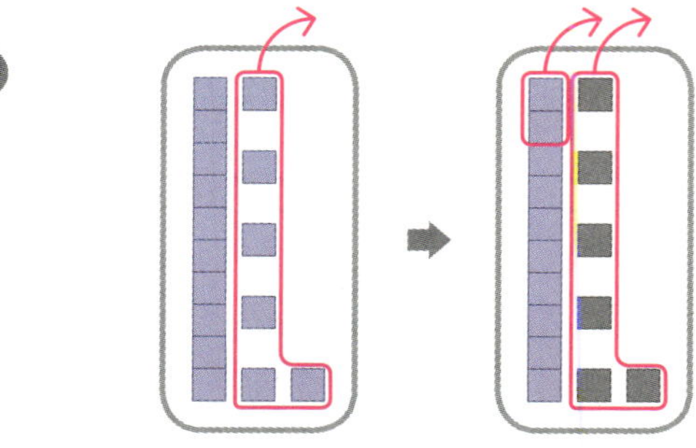

16 − 6 − 2 =

❸ 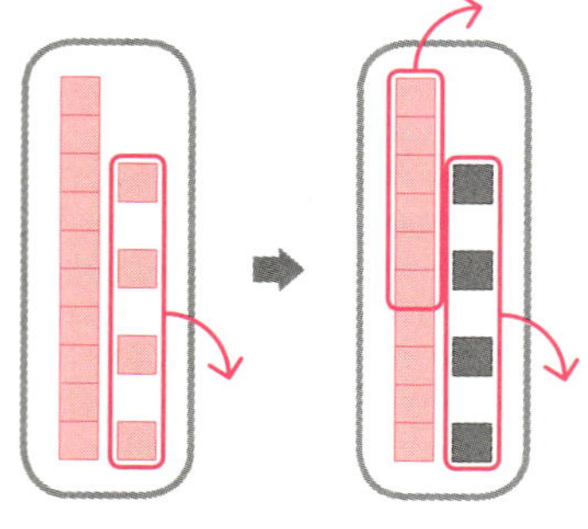

14 − 4 − 6 =

❹ 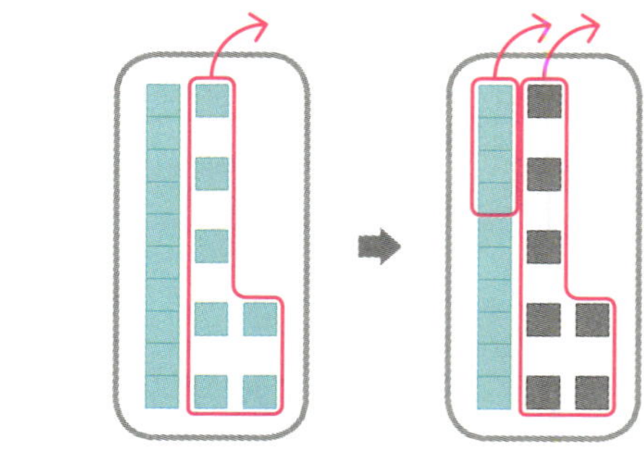

17 − 7 − 4 =

$$13 - 3 - 4 = 6$$
$$10 - 4 = 6$$

❶ $$14 - 4 - 9 = \square$$
$$\square - 9 = \square$$

❷ $$16 - 6 - 2 = \square$$
$$\square - 2 = \square$$

❸ $$18 - 8 - 5 = \square$$
$$\square - 5 = \square$$

❹ $$15 - 5 - 4 = \square$$
$$\square - 4 = \square$$

❺ $$17 - 7 - 6 = \square$$
$$\square - 6 = \square$$

❻ $$11 - 1 - 3 = \square$$
$$\square - 3 = \square$$

큐리는 쿠키 16개 중 6개를 먹고 8개는 친구에게 주었어요.

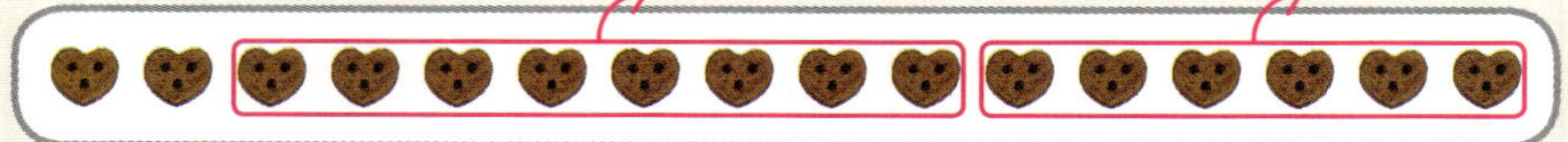

$$16 - 6 - 8 = \boxed{2}$$

10−8=2

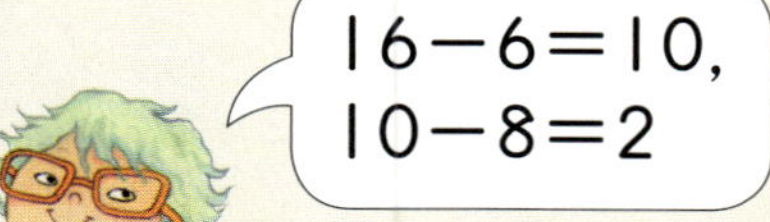

🌳 뺄셈을 하세요.

❶ $14 - 4 - 3 = \boxed{}$

❷ $18 - 8 - 2 = \boxed{}$

❸ $15 - 5 - 6 = \boxed{}$

❹ $12 - 2 - 5 = \boxed{}$

❺ $13 - 3 - 8 = \boxed{}$

❻ $11 - 1 - 4 = \boxed{}$

❼ $19 - 9 - 7 = \boxed{}$

❽ $16 - 6 - 1 = \boxed{}$

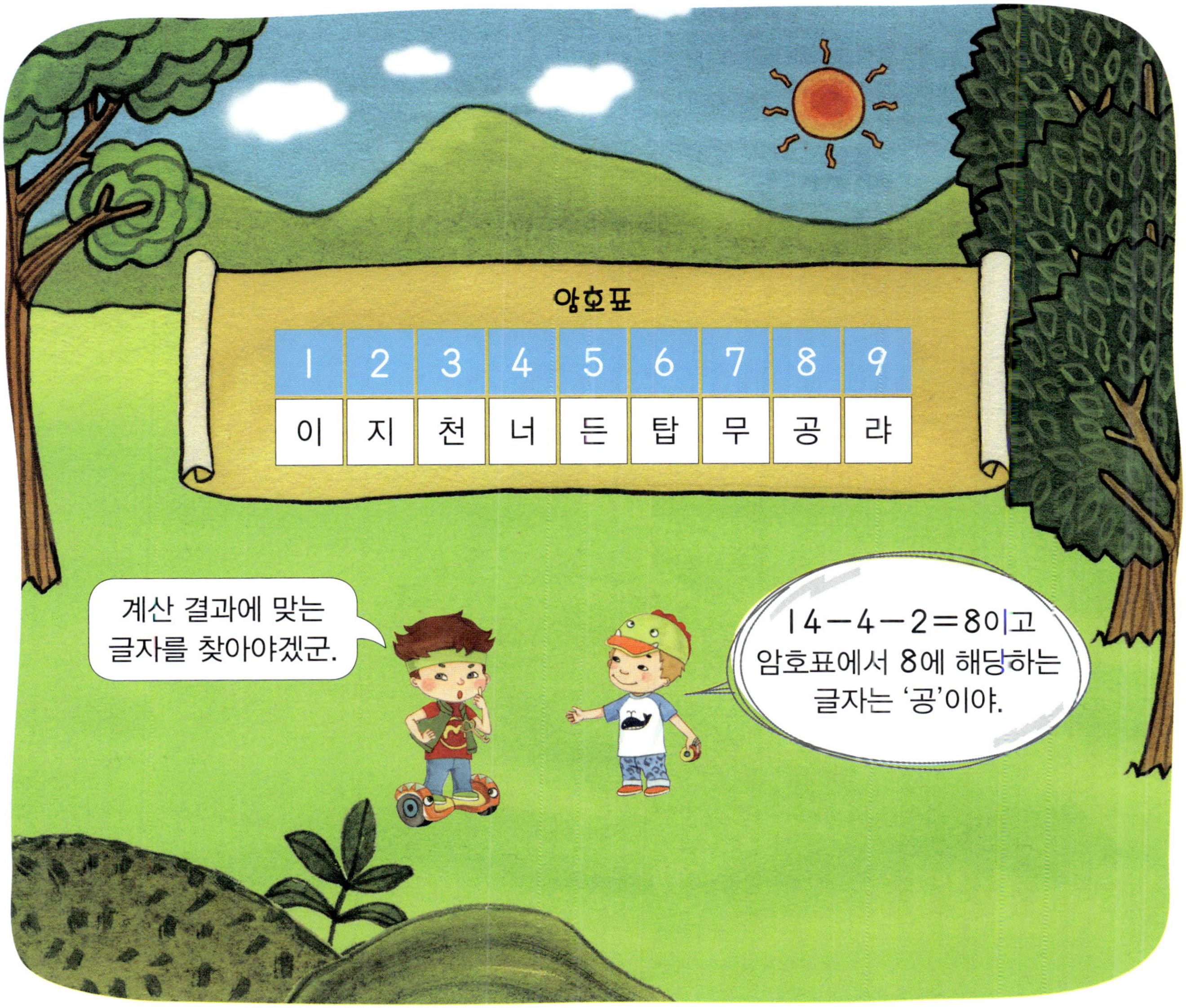

14 − 4 − 2	17 − 7 − 5	11 − 1 − 4	16 − 6 − 9
공			

18 − 8 − 3	12 − 2 − 6	17 − 7 − 8	15 − 5 − 1

🌲 음료수 10병 중 남은 병의 수를 세어 뺄셈을 하세요.

❶ 

$$10 - 4 = \boxed{}$$

🌲 뺄셈을 하세요.

❷ $\quad 10 - 2 = \boxed{}$

❸ $\quad 10 - 7 = \boxed{}$

🌲 그림을 보고 계산을 하세요.

❹ 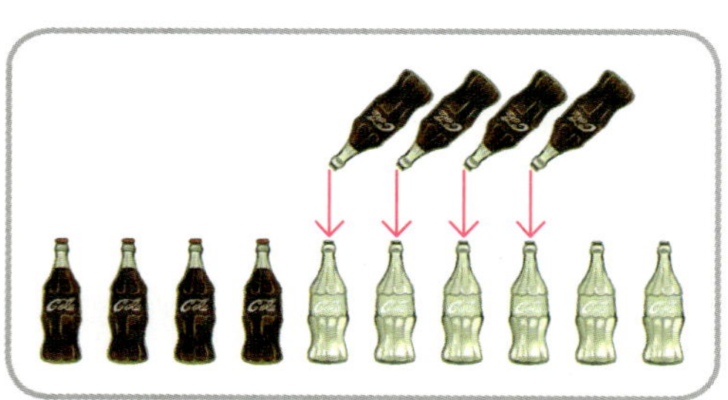

$$10 - 6 + 4 = \boxed{}$$

🌲 ☐ 안에 알맞은 수를 쓰세요.

❺ $10 - 8 + 6 = \boxed{}$

$\boxed{} + 6 = \boxed{}$

❻ $10 - 3 + 2 = \boxed{}$

$\boxed{} + 2 = \boxed{}$

🌲 **계산을 하세요.**

❼ $10 - 5 + 2 = \boxed{}$

❽ $10 - 4 + 3 = \boxed{}$

🌲 **그림을 보고 뺄셈을 하세요.**

❾ 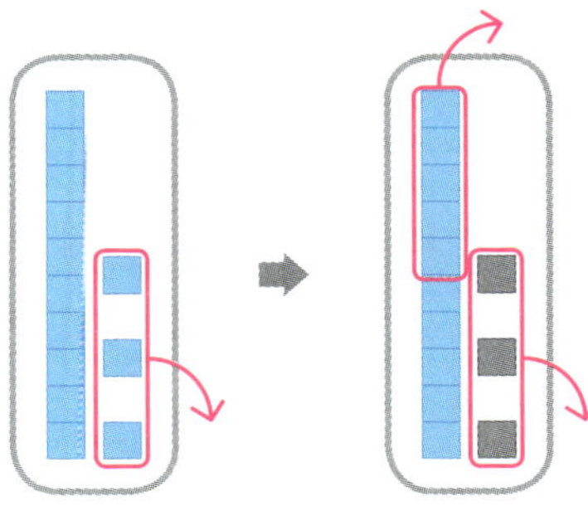 $13 - 3 - 5 = \boxed{}$

🌲 **□ 안에 알맞은 수를 쓰세요.**

❿ 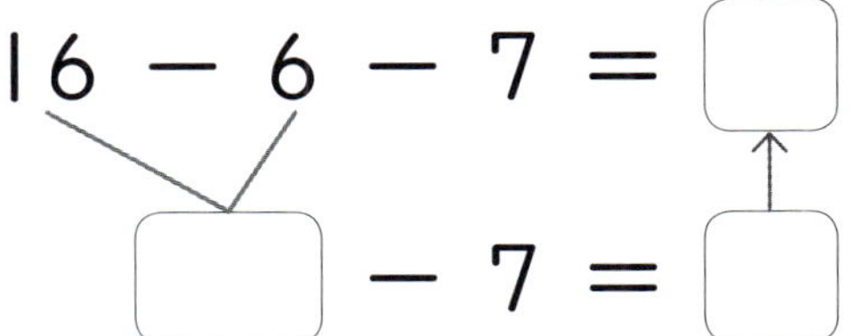
$16 - 6 - 7 = \boxed{}$
$\boxed{} - 7 = \boxed{}$

⓫ $13 - 3 - 9 = \boxed{}$
$\boxed{} - 9 = \boxed{}$

🌲 **뺄셈을 하세요.**

⓬ $19 - 9 - 3 = \boxed{}$

⓭ $12 - 2 - 8 = \boxed{}$

 연산력 게임

QR코드를 찍으면 다양한 연산 게임을 할 수 있어요.

마지막 완두콩은 어느 것일까요?

뺄셈을 하여 빈 곳에 들어갈 완두콩을 아래쪽에서 찾아 손가락으로 끌어서 넣으세요.
3을 넣으면 정답입니다.

잠수함 창문에 적힌 뺄셈식을 보고 계산을 해 보세요.

세 수의 뺄셈을 하여 계산 결과가 적힌 창문을 아래쪽에서 찾아 손가락으로 끌어서 빈 곳에 넣으세요.
8을 넣으면 정답입니다.

10을 이용한 뺄셈구구

▶ 연산 보충 학습(110쪽)에서 더 풀어 보세요.

학부모 지도 가이드

이 차시에서는 10을 이용하는 여러 가지 방법으로 받아내림이 있는 뺄셈을 배웁니다.
앞 또는 뒤의 수를 갈라 10을 만들어 뺄셈을 하거나, 앞 또는 뒤의 수를 10이 되도록 식을 바꾸어 뺄셈을 할 수 있도록 지도합니다.

$$11 - 3 = 8$$
$$10 - 3 + 1$$
$$7 + 1 = 8$$

▲ 앞의 수 갈라 뺄셈하기

$$15 - 8 = 7$$
$$15 - 5 - 3$$
$$10 - 3 = 7$$

▲ 뒤의 수 갈라 뺄셈하기

$$12 - 7 = 5$$
$$(+3) \quad (+3)$$
$$15 - 10 = 5$$

▲ 뒤의 수 10 만들어 뺄셈하기

$$12 - 6 = 6$$
$$(-2) \quad (-2)$$
$$10 - 4 = 6$$

▲ 앞의 수 10 만들어 뺄셈하기

빼어지는 수 갈라 뺄셈하기

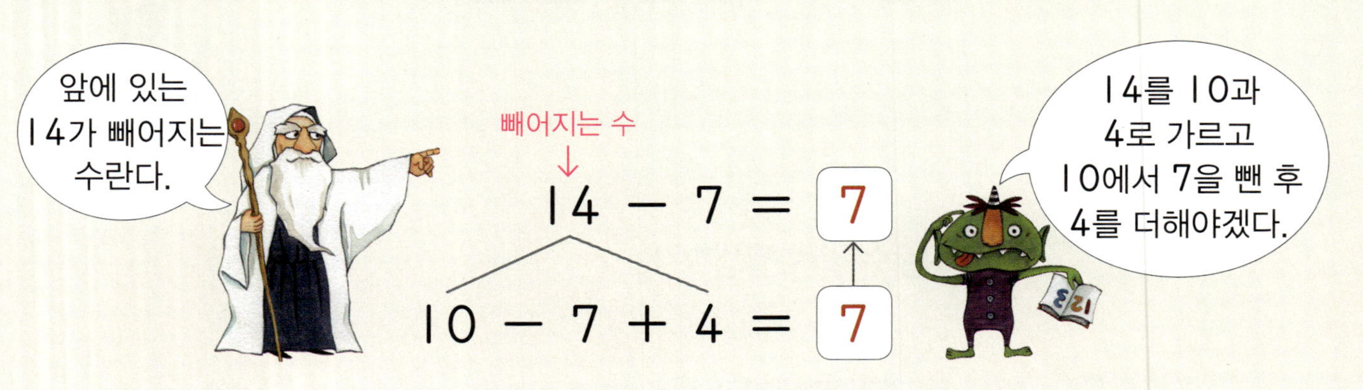

🌳 그림을 보고 빼어지는 수를 갈라 뺄셈을 하세요.

❶

$$12 - 4 = \boxed{}$$
$$10 - 4 + 2 = \boxed{}$$

❷

$$15 - 6 = \boxed{}$$
$$10 - 6 + 5 = \boxed{}$$

❸

$$13 - 8 = \boxed{}$$
$$10 - 8 + 3 = \boxed{}$$

🌱 빼어지는 수를 갈라 뺄셈을 하려고 해요. ☐ 안에 알맞은 수를 쓰세요.

$$11 - 3 = \boxed{8}$$
$$10 - 3 + \boxed{1}$$
$$\boxed{7} + 1 = \boxed{8}$$

❶
$$15 - 7 = \boxed{}$$
$$10 - 7 + 5$$
$$\boxed{} + 5 = \boxed{}$$

❷
$$12 - 8 = \boxed{}$$
$$10 - 8 + \boxed{}$$
$$2 + 2 = \boxed{}$$

❸
$$16 - 9 = \boxed{}$$
$$10 - 9 + 6$$
$$1 + \boxed{} = \boxed{}$$

❹
$$17 - 8 = \boxed{}$$
$$10 - 8 + 7$$
$$2 + \boxed{} = \boxed{}$$

❺
$$14 - 5 = \boxed{}$$
$$10 - 5 + \boxed{}$$
$$5 + \boxed{} = \boxed{}$$

❻
$$13 - 6 = \boxed{}$$
$$10 - 6 + \boxed{}$$
$$4 + \boxed{} = \boxed{}$$

티나와 태돌이가 수 카드를 이용하여 뺄셈을 해요.

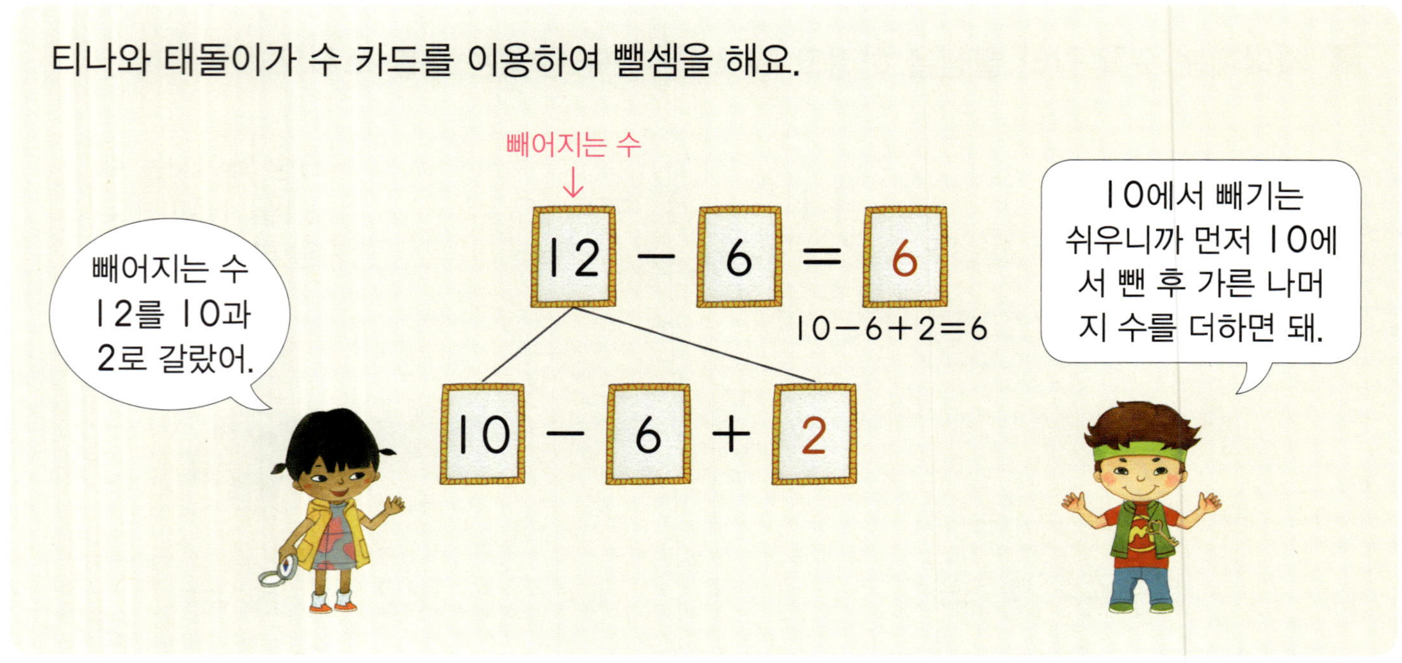

🌳 앞의 수 카드를 갈라 뺄셈을 하려고 해요. 빈 곳에 알맞은 수를 쓰세요.

❶ 13 − 7 = ☐

10 − 7 + ☐

❷ 16 − 9 = ☐

10 − 9 + ☐

❸ 11 − 6 = ☐

10 − 6 + ☐

❹ 15 − 7 = ☐

10 − 7 + ☐

$$15 - 8 = \boxed{7}$$

$10-8+5=7$

1 $11 - 4 = \boxed{}$

$10-4+1=7$

2 $15 - 7 = \boxed{}$

3 $12 - 6 = \boxed{}$

4 $13 - 8 = \boxed{}$

5 $18 - 9 = \boxed{}$

6 $11 - 7 = \boxed{}$

7 $16 - 8 = \boxed{}$

8 $14 - 8 = \boxed{}$

9 $12 - 5 = \boxed{}$

10 $17 - 8 = \boxed{}$

빼는 수 갈라 뺄셈하기

한입 요괴가 빼는 수를 갈라 뺄셈을 해요.

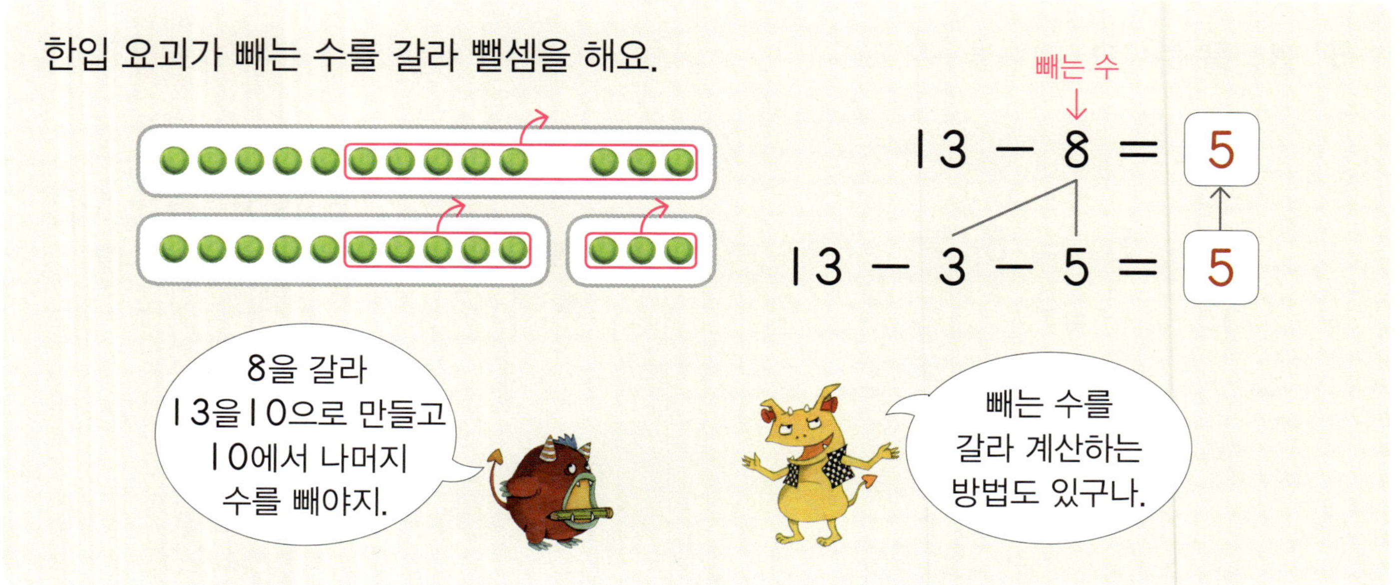

🌳 그림을 보고 뺄셈을 하세요.

❶ 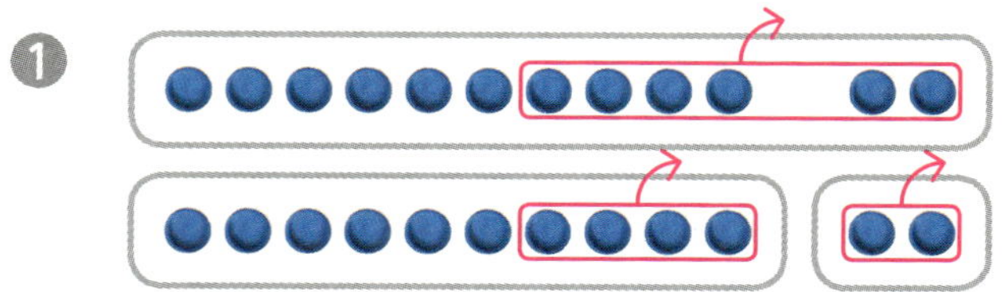

$$12 - 6 = \boxed{}$$
$$12 - 2 - 4 = \boxed{}$$

❷

$$15 - 7 = \boxed{}$$
$$15 - 5 - 2 = \boxed{}$$

❸

$$14 - 7 = \boxed{}$$
$$14 - 4 - 3 = \boxed{}$$

$$13 - 9 = \boxed{4}$$
$$13 - 3 - \boxed{6}$$
$$\boxed{10} - 6 = \boxed{4}$$

❶
$$11 - 8 = \boxed{}$$
$$11 - 1 - 7$$
$$\boxed{} - 7 = \boxed{}$$

❷
$$12 - 3 = \boxed{}$$
$$12 - 2 - \boxed{}$$
$$10 - 1 = \boxed{}$$

❸
$$14 - 8 = \boxed{}$$
$$14 - 4 - 4$$
$$10 - \boxed{} = \boxed{}$$

❹
$$17 - 9 = \boxed{}$$
$$17 - \boxed{} - 2$$
$$10 - \boxed{} = \boxed{}$$

❺
$$16 - 9 = \boxed{}$$
$$16 - \boxed{} - 3$$
$$10 - \boxed{} = \boxed{}$$

❻
$$13 - 7 = \boxed{}$$
$$13 - \boxed{} - 4$$
$$10 - \boxed{} = \boxed{}$$

현우와 티나가 수 카드를 이용하여 뺄셈을 해요.

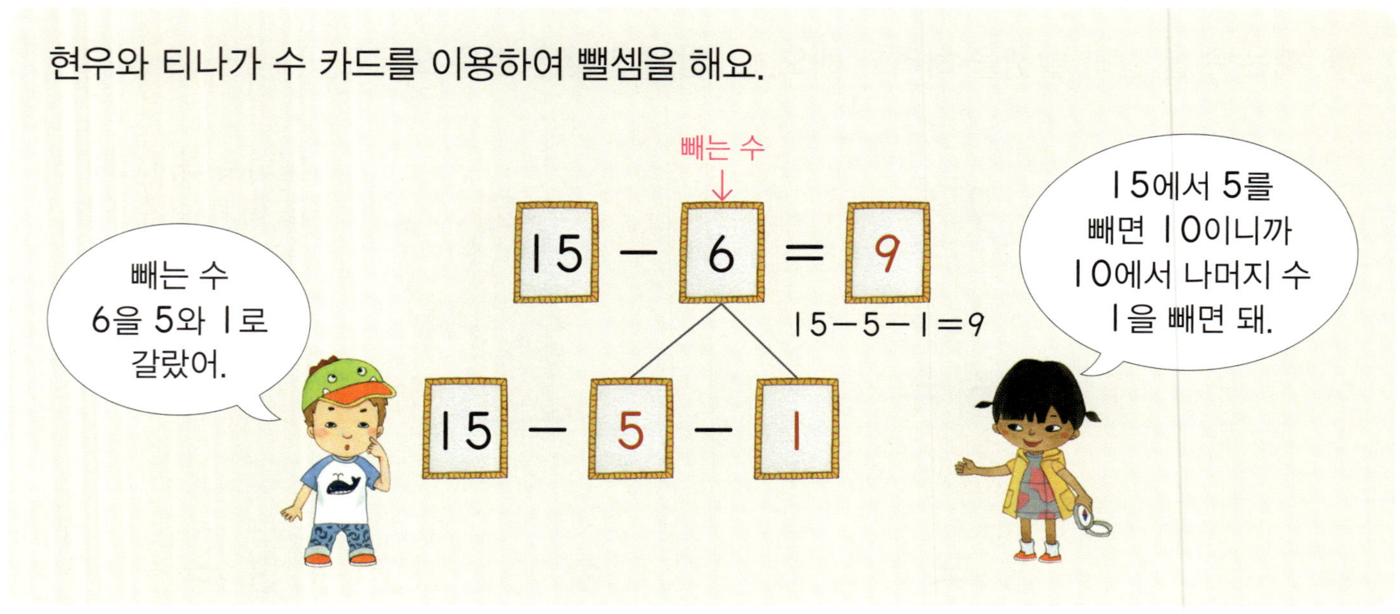

🌳 뒤의 수 카드를 갈라 뺄셈을 하려고 해요. 빈 곳에 알맞은 수를 쓰세요.

❶ 14 − 5 = ☐

14 − 4 − ☐

❷ 11 − 4 = ☐

11 − 1 − ☐

❸ 16 − 8 = ☐

16 − 6 − ☐

❹ 13 − 9 = ☐

13 − 3 − ☐

$17 - 8 = \boxed{9}$

$17 - 7 - 1 = 9$

① $13 - 7 = \boxed{}$

$13 - 3 - 4 = 6$

② $11 - 2 = \boxed{}$

③ $12 - 8 = \boxed{}$

④ $14 - 9 = \boxed{}$

⑤ $12 - 5 = \boxed{}$

⑥ $18 - 9 = \boxed{}$

⑦ $11 - 6 = \boxed{}$

⑧ $13 - 6 = \boxed{}$

⑨ $17 - 9 = \boxed{}$

⑩ $12 - 6 = \boxed{}$

큐리가 새로운 뺄셈 방법을 발견했다고 해요.

🌳 같은 수를 더해 뺄셈을 하려고 해요. 그림을 보고 □ 안에 알맞은 수를 쓰세요.

❶

$$15 - 8 = \square$$

$$17 - 10 = \square$$

❷

$$12 - 7 = \square$$

$$15 - 10 = \square$$

❸

$$14 - 9 = \square$$

$$15 - 10 = \square$$

🌱 같은 수를 더해 뺄셈을 하세요.

$$14 - 7 = \boxed{7}$$
$$\downarrow {+3} \qquad \downarrow {+3}$$
$$17 - 10 = \boxed{7}$$

❶
$$13 - 6 = \boxed{}$$
$$\downarrow {+4} \qquad \downarrow {+4}$$
$$17 - 10 = \boxed{}$$

❷
$$15 - 9 = \boxed{}$$
$$\downarrow {+1} \qquad \downarrow {+1}$$
$$16 - 10 = \boxed{}$$

❸
$$16 - 8 = \boxed{}$$
$$\downarrow {+2} \qquad \downarrow {+2}$$
$$18 - 10 = \boxed{}$$

❹
$$11 - 7 = \boxed{}$$
$$\downarrow {+3} \qquad \downarrow {+3}$$
$$14 - 10 = \boxed{}$$

❺
$$14 - 8 = \boxed{}$$
$$\downarrow {+2} \qquad \downarrow {+2}$$
$$16 - 10 = \boxed{}$$

❻
$$15 - 6 = \boxed{}$$
$$\downarrow {+4} \qquad \downarrow {+4}$$
$$19 - 10 = \boxed{}$$

여러 동물들의 3층짜리 집이에요. 관계있는 층끼리 선으로 이으려고 해요.

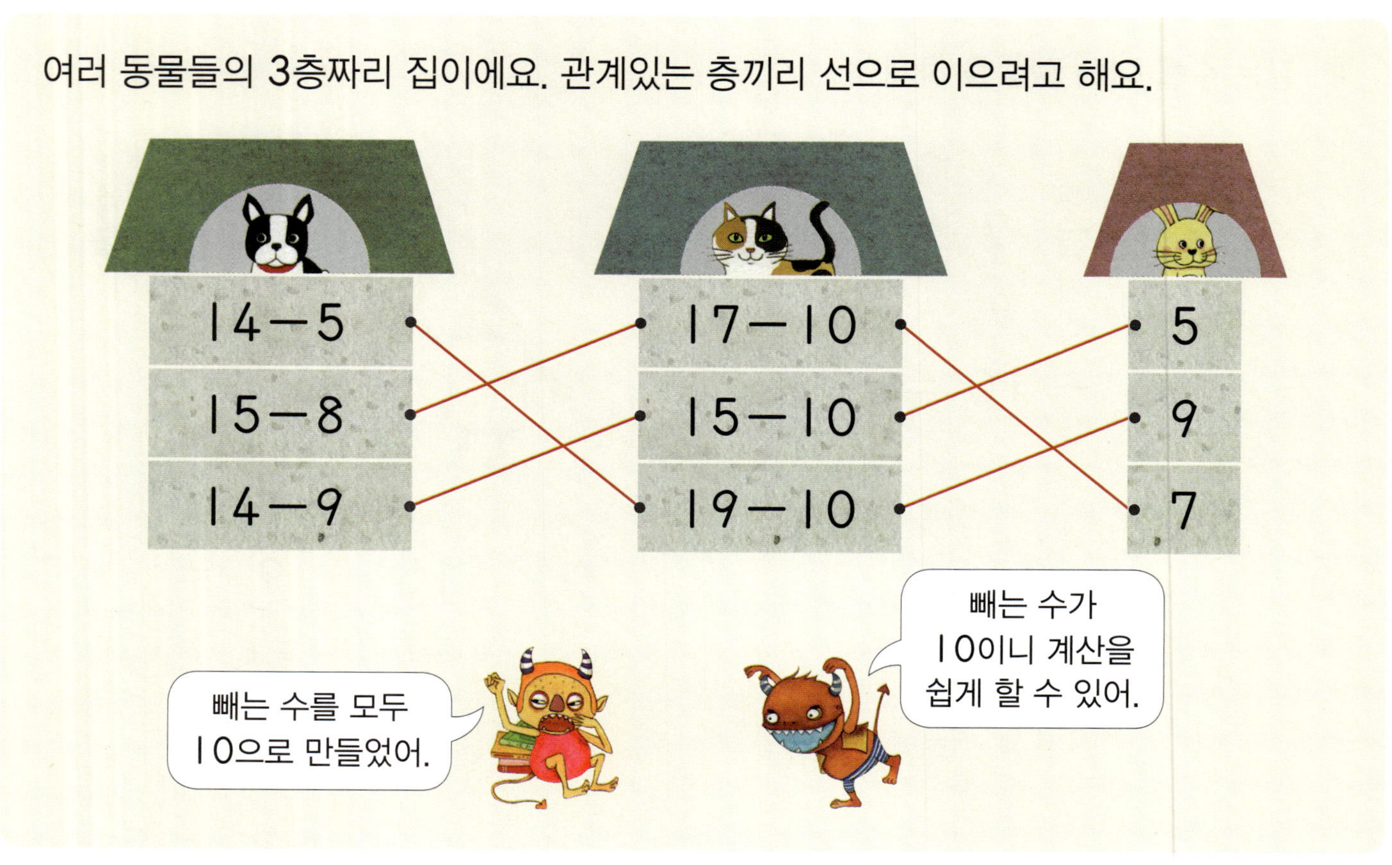

🌳 **관계있는 것끼리 선으로 이으세요.**

❶

🌱 **뺄셈을 하세요.**

$$15 - 6 = \boxed{9}$$

$$19 - 10 = 9$$

① $17 - 8 = \boxed{}$

$$19 - 10$$

② $12 - 7 = \boxed{}$

③ $15 - 8 = \boxed{}$

④ $13 - 5 = \boxed{}$

⑤ $11 - 5 = \boxed{}$

⑥ $12 - 9 = \boxed{}$

⑦ $13 - 8 = \boxed{}$

⑧ $11 - 7 = \boxed{}$

⑨ $18 - 9 = \boxed{}$

⑩ $14 - 6 = \boxed{}$

공부한 날

월

일

같은 수 빼어 뺄셈하기

현우도 새로운 뺄셈 방법을 발견했어요.

$$12 - 7 = \boxed{5}$$
$$\downarrow{-2} \qquad \downarrow{-2} \qquad \uparrow$$
$$10 - 5 = \boxed{5}$$

🌳 같은 수를 빼어 뺄셈을 하려고 해요. 그림을 보고 ☐ 안에 알맞은 수를 쓰세요.

①

$$13 - 5 = \boxed{}$$
$$\uparrow$$
$$10 - 2 = \boxed{}$$

②

$$11 - 8 = \boxed{}$$
$$\uparrow$$
$$10 - 7 = \boxed{}$$

③

$$14 - 8 = \boxed{}$$
$$\uparrow$$
$$10 - 4 = \boxed{}$$

🌳 같은 수를 빼어 뺄셈을 하세요.

$$14 - 6 = \boxed{8}$$
$$10 - 2 = \boxed{8}$$

❶
$$11 - 5 = \boxed{}$$
$$10 - 4 = \boxed{}$$

❷
$$14 - 5 = \boxed{}$$
$$10 - 1 = \boxed{}$$

❸
$$12 - 4 = \boxed{}$$
$$10 - 2 = \boxed{}$$

❹
$$13 - 6 = \boxed{}$$
$$10 - 3 = \boxed{}$$

❺
$$15 - 9 = \boxed{}$$
$$10 - 4 = \boxed{}$$

❻
$$13 - 5 = \boxed{}$$
$$10 - 2 = \boxed{}$$

큐리는 날아가고 남은 벌이 몇 마리인지 세려고 해요.

$$13 - 5 = \boxed{8}$$

$$10 - 2 = 8$$

🌳 뺄셈을 하세요.

❶ $11 - 3 = \boxed{}$ ❷ $14 - 7 = \boxed{}$

❸ $13 - 8 = \boxed{}$ ❹ $12 - 3 = \boxed{}$

❺ $15 - 8 = \boxed{}$ ❻ $11 - 5 = \boxed{}$

❼ $12 - 9 = \boxed{}$ ❽ $13 - 7 = \boxed{}$

여러 가지 식 카드와 수 카드가 섞여 있어요. 뺄셈을 하여 관계있는 카드 3장씩 선으로 이어 보세요.

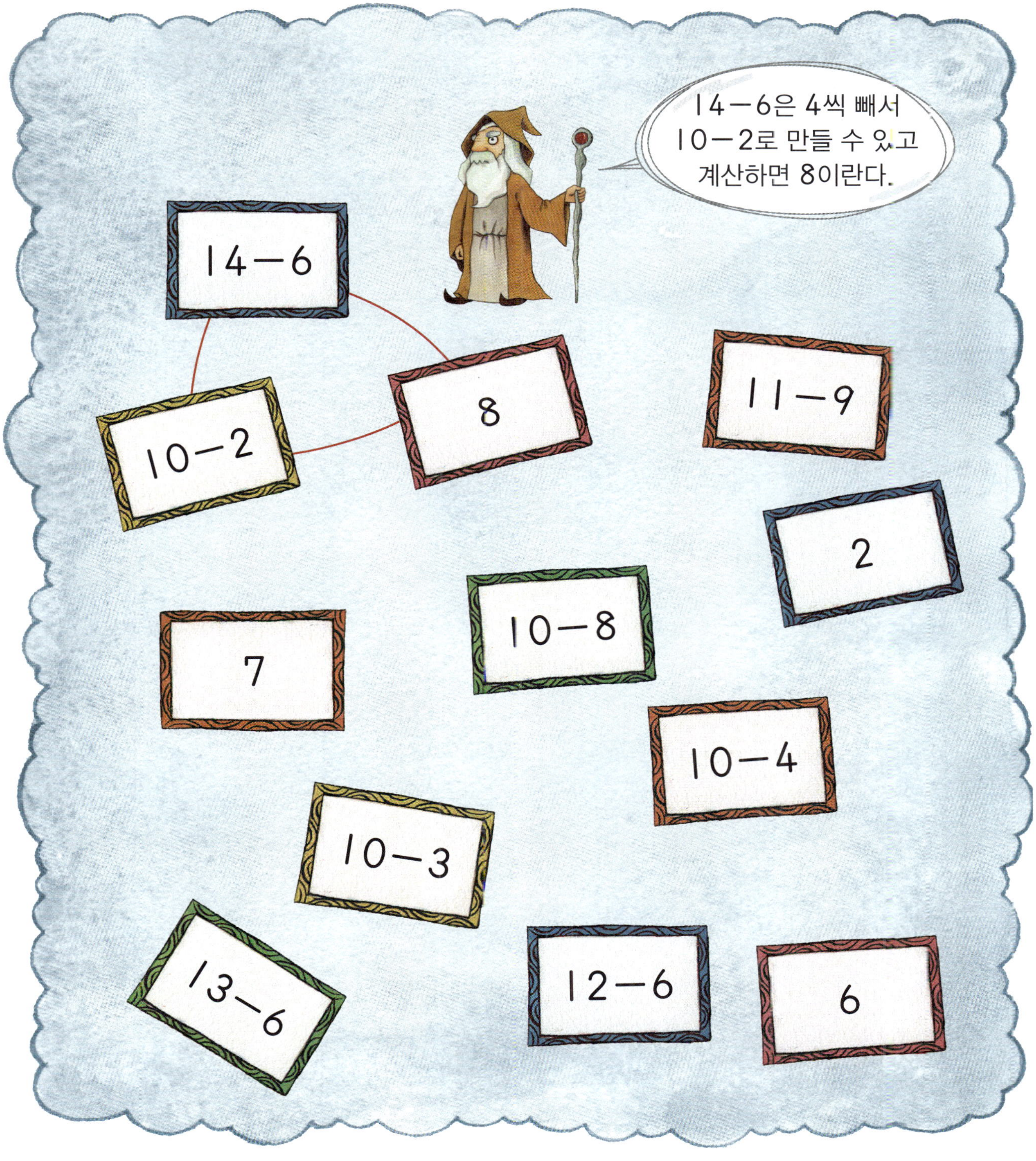

무엇을 배웠을까요

🌲 그림을 보고 빼어지는 수를 갈라 뺄셈을 하세요.

❶ 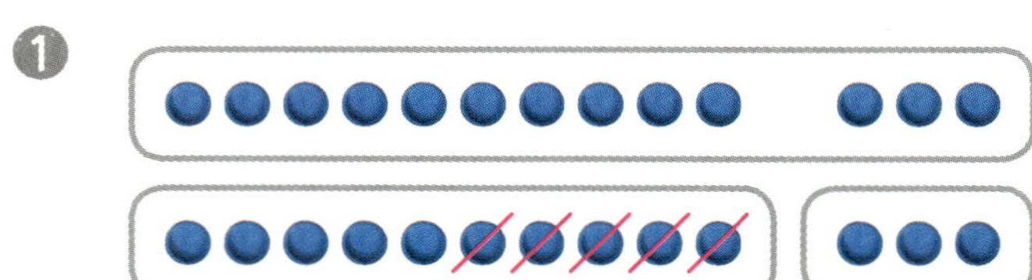

$$13 - 5 = \boxed{}$$
$$10 - 5 + 3 = \boxed{}$$

🌲 빼어지는 수를 갈라 뺄셈을 하려고 해요. ☐ 안에 알맞은 수를 쓰세요.

❷
$$13 - 6 = \boxed{}$$
$$10 - 6 + \boxed{}$$
$$\boxed{} + 3 = \boxed{}$$

❸
$$15 - 9 = \boxed{}$$
$$10 - 9 + \boxed{}$$
$$1 + \boxed{} = \boxed{}$$

🌲 빼는 수를 갈라 뺄셈을 하려고 해요. ☐ 안에 알맞은 수를 쓰세요.

❹
$$14 - 7 = \boxed{}$$
$$14 - 4 - \boxed{}$$
$$10 - \boxed{} = \boxed{}$$

❺
$$17 - 8 = \boxed{}$$
$$17 - \boxed{} - 1$$
$$10 - \boxed{} = \boxed{}$$

🌲 **같은 수를 더해 뺄셈을 하세요.**

❻ $12 - 7 = \boxed{}$
  $+3 \quad +3$
  $15 - 10 = \boxed{}$

❼ $14 - 8 = \boxed{}$
  $+2 \quad +2$
  $16 - 10 = \boxed{}$

🌲 **같은 수를 빼어 뺄셈을 하세요.**

❽ $12 - 6 = \boxed{}$
  $-2 \quad -2$
  $10 - 4 = \boxed{}$

❾ $18 - 9 = \boxed{}$
  $-8 \quad -8$
  $10 - 1 = \boxed{}$

공부한 날

월

일

🌲 **뺄셈을 하세요.**

❿ $11 - 5 = \boxed{}$

⓫ $16 - 8 = \boxed{}$

⓬ $17 - 9 = \boxed{}$

⓭ $13 - 7 = \boxed{}$

연산력 게임

QR코드를 찍으면 다양한 연산 게임을 할 수 있어요.

신나는 튜브 미끄럼틀

뺄셈 결과가 적힌 튜브를 탄 사람은 누구일까요?

뺄셈을 하여 결과가 적혀 있는 튜브를 찾아 손가락으로 누르세요.
9가 적힌 튜브를 누르면 정답입니다.

토끼가 먹으려는 당근은 어느 것일까요?

뺄셈을 하여 결과가 적혀 있는 당근을 아래쪽에서 찾아 손가락으로 끌어서 토끼 앞에 넣으세요.
5가 적힌 당근을 넣으면 정답입니다.

토끼의 식사 시간

뺄셈구구 익히기

▶ 연산 보충 학습(111~112쪽)에서 더 풀어 보세요.

학부모 지도 가이드

이 차시에서는 받아내림이 있는 뺄셈을 반복적으로 연습시키고 빼어지는 수와 빼는 수의 관계를 이해시켜 □가 있는 뺄셈을 할 수 있도록 지도합니다.

$$14 - 8 = \boxed{6}$$

$$14 - \boxed{6} = 8$$

또한 받아내림이 있는 뺄셈을 세로셈으로 나타내고 계산할 수 있도록 훈련시킵니다.

$$\begin{array}{r} 1\ 5 \\ -\ \ 7 \\ \hline 8 \end{array}$$

15 − 7 = 8

받아내림이 있는 뺄셈

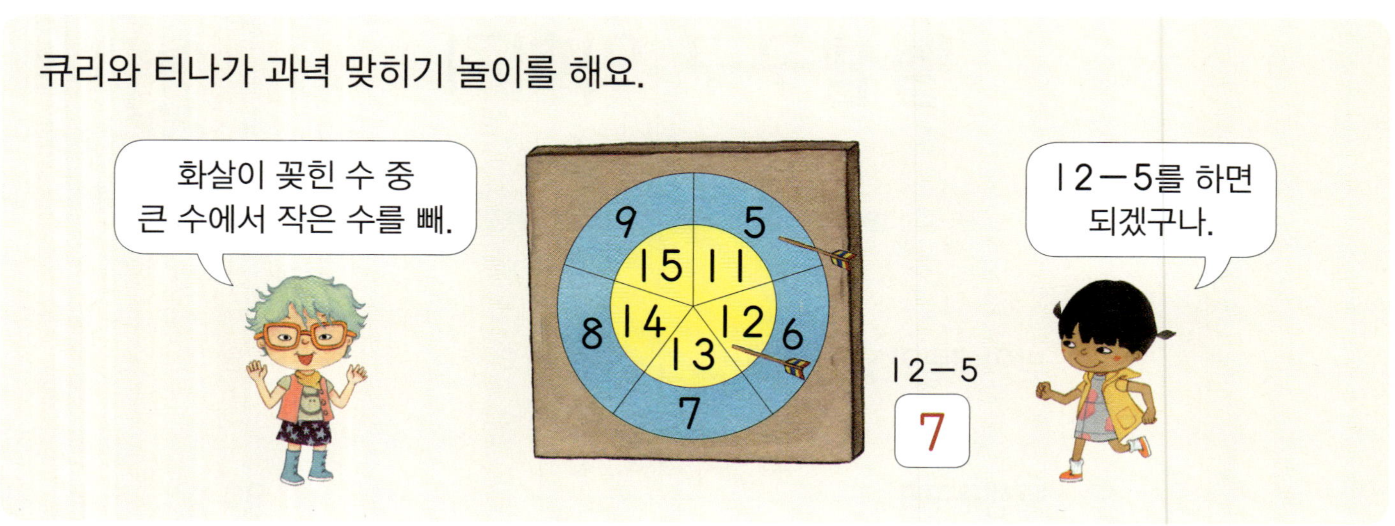

🌳 화살이 꽂힌 수 중 큰 수에서 작은 수를 빼어 ☐ 안에 알맞은 수를 쓰세요.

❶ 

14−9

☐

❷ 

☐

❸ 

☐

❹ 

☐

뺄셈을 하세요.

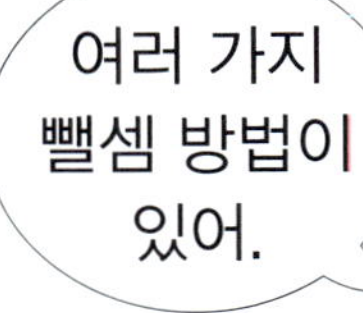

$$15 - 9 = \boxed{6}$$
$$10-9+5$$
$$1+5=6$$

❶ $14 - 5 = \boxed{}$
$$10-5+4$$
$$5+4$$

❷ $17 - 9 = \boxed{}$

❸ $11 - 8 = \boxed{}$

❹ $12 - 7 = \boxed{}$

❺ $13 - 7 = \boxed{}$

❻ $15 - 8 = \boxed{}$

❼ $16 - 7 = \boxed{}$

❽ $14 - 6 = \boxed{}$

❾ $12 - 8 = \boxed{}$

❿ $11 - 9 = \boxed{}$

요괴들이 뺄셈을 하여 마지막 퍼즐 조각을 찾으려고 해요.

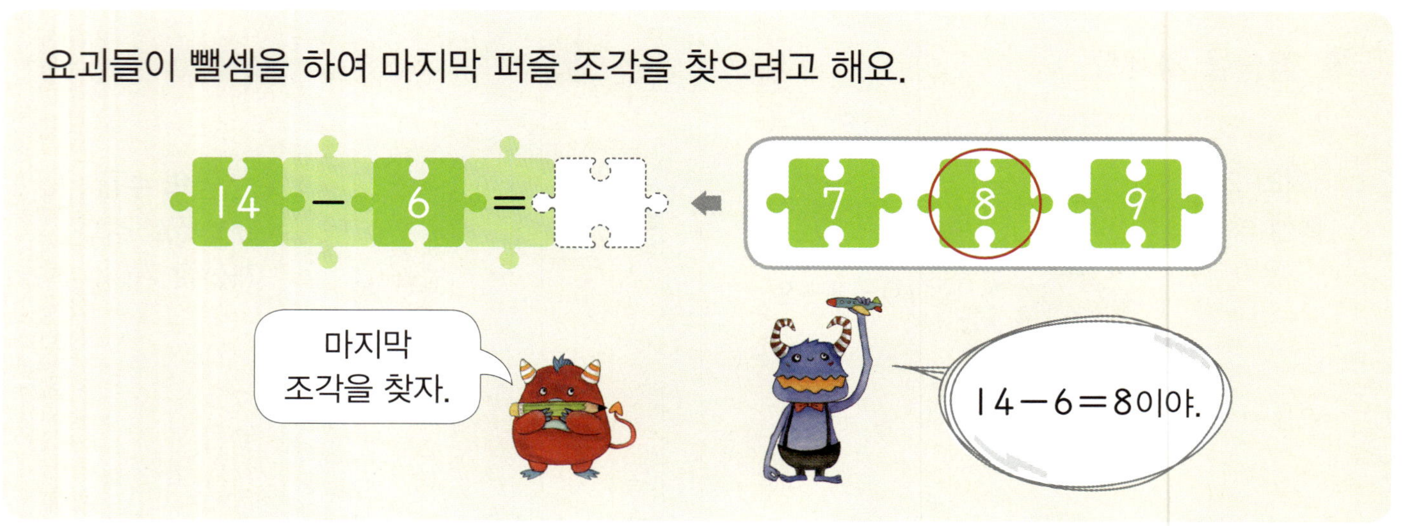

🌳 빈 곳에 들어갈 알맞은 퍼즐 조각을 찾아 ◯표 하세요.

① 13 − 4 = ☐ ← 7 8 9

② 15 − 8 = ☐ ← 6 7 8

③ 12 − 7 = ☐ ← 3 4 5

④ 18 − 9 = ☐ ← 7 8 9

뺄셈을 하세요.

$$13 - 7 = \boxed{6}$$
$$13 - 3 - 4 = 6$$

❶ $11 - 2 = \boxed{}$
$$11 - 1 - 1$$

❷ $12 - 9 = \boxed{}$

❸ $15 - 7 = \boxed{}$

❹ $13 - 6 = \boxed{}$

❺ $12 - 6 = \boxed{}$

❻ $14 - 7 = \boxed{}$

❼ $11 - 7 = \boxed{}$

❽ $13 - 8 = \boxed{}$

❾ $17 - 9 = \boxed{}$

❿ $16 - 8 = \boxed{}$

뺄셈구구표

뺄셈 버스가 지나가고 있어요.

─	7	8	9
13	6	5	4

13−7 13−8 13−9

🌳 빈칸에 알맞은 수를 써넣어 뺄셈표를 완성하세요.

❶

─	6	7	8
11			

❷

─	5	6	7
14			

❸

─	4	5	6
12			

❹

─	7	8	9
15			

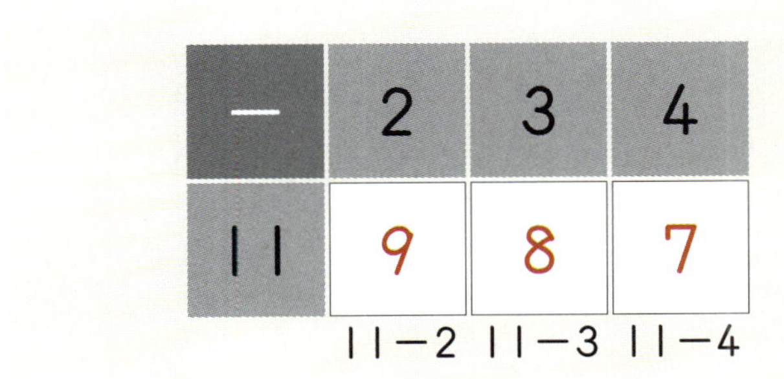

❶
| − | 7 | 8 | 9 |
| 12 | | | |

❷
| − | 7 | 8 | 9 |
| 15 | | | |

❸
| − | 3 | 4 | 5 |
| 12 | | | |

❹
| − | 6 | 7 | 8 |
| 14 | | | |

❺
| − | 4 | 5 | 6 |
| 13 | | | |

❻
| − | 4 | 5 | 6 |
| 11 | | | |

🌱 빈칸에 알맞은 수를 써넣어 뺄셈표를 완성하세요.

❶ 

❷ 

❸ 

❹ 

🌱 빨셈구구표의 빈칸에 알맞은 수를 쓰세요.

一	1	2	3	4	5	6	7	8	9
11	10	9		7	6		4	3	2
12	11		9	8		6		4	
13		11			8	7	6	5	4
14			11		9	8	7		5
15		13		11				7	6
16	15	14		12		10	9	8	7
17			14	13			10	9	
18	17		15		13	12		10	9
19	18		16		14		12		10

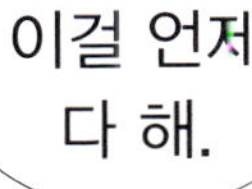

□가 있는 뺄셈

현우와 티나가 구슬 놀이를 해요.

$14 - 8 = \boxed{6}$

$14 - \boxed{6} = 8$

🌱 그림을 보고 □ 안에 알맞은 수를 쓰세요.

① 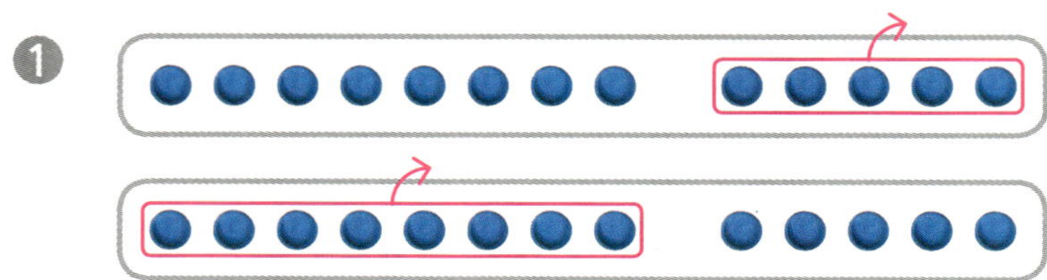

$13 - 5 = \boxed{}$

$13 - \boxed{} = 5$

② 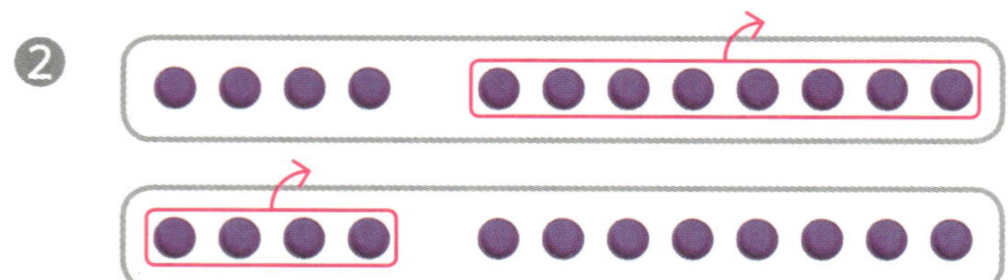

$12 - 8 = \boxed{}$

$12 - \boxed{} = 8$

③

$15 - 6 = \boxed{}$

$15 - \boxed{} = 6$

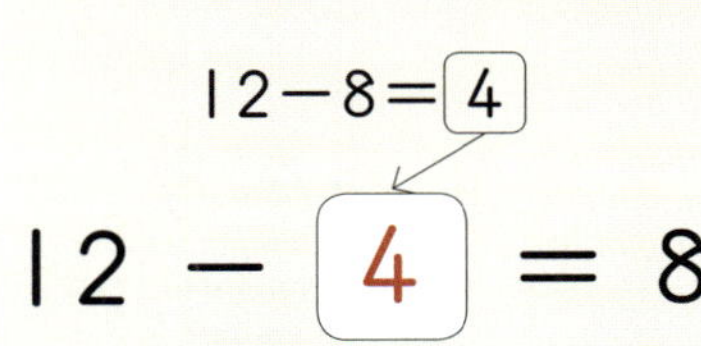

$$12 - 8 = \boxed{4}$$
$$12 - \boxed{4} = 8$$

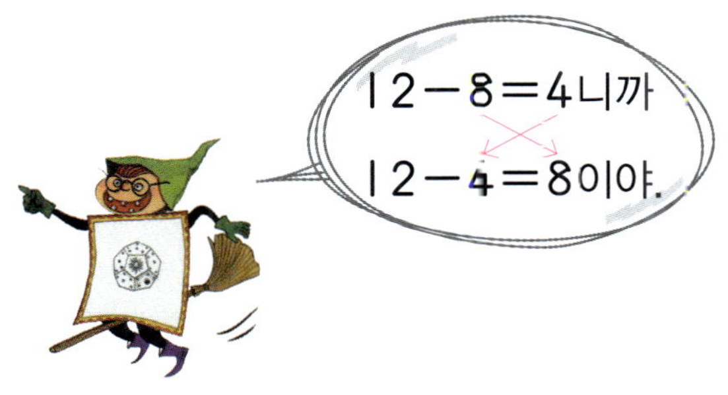

❶ $14 - \boxed{} = 7$ ❷ $12 - \boxed{} = 9$

❸ $11 - \boxed{} = 3$ ❹ $13 - \boxed{} = 7$

❺ $17 - \boxed{} = 8$ ❻ $16 - \boxed{} = 8$

❼ $11 - \boxed{} = 4$ ❽ $12 - \boxed{} = 7$

❾ $15 - \boxed{} = 8$ ❿ $13 - \boxed{} = 9$

$$6 + 8 = \boxed{14}$$

$$\boxed{14} - 8 = 6$$

🌱 그림을 보고 ☐ 안에 알맞은 수를 쓰세요.

1

$$4 + 9 = \boxed{}$$

$$\boxed{} - 9 = 4$$

2

$$5 + 6 = \boxed{}$$

$$\boxed{} - 6 = 5$$

3

$$7 + 5 = \boxed{}$$

$$\boxed{} - 5 = 7$$

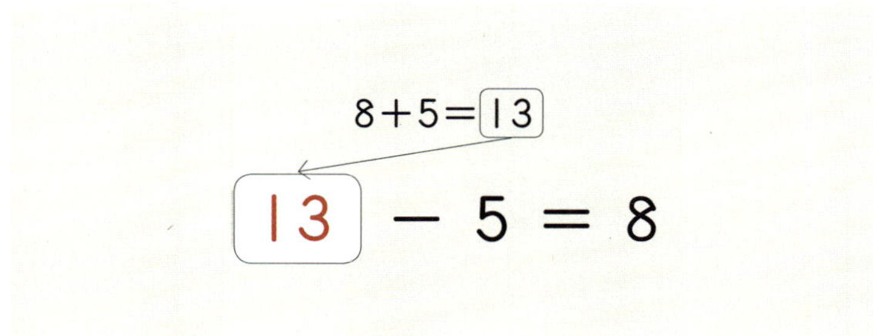

❶ □ − 4 = 7

❷ □ − 8 = 6

❸ □ − 6 = 9

❹ □ − 9 = 8

❺ □ − 7 = 6

❻ □ − 7 = 9

❼ □ − 8 = 4

❽ □ − 8 = 3

❾ □ − 7 = 7

❿ □ − 7 = 8

세로셈과 벌레 먹은 셈

큐리가 수 블록으로 뺄셈식을 만들어요.

🌳 수 블록으로 2가지 뺄셈식을 만들었어요. 빈칸에 알맞은 수를 쓰세요.

❶

1 4 − 5 =

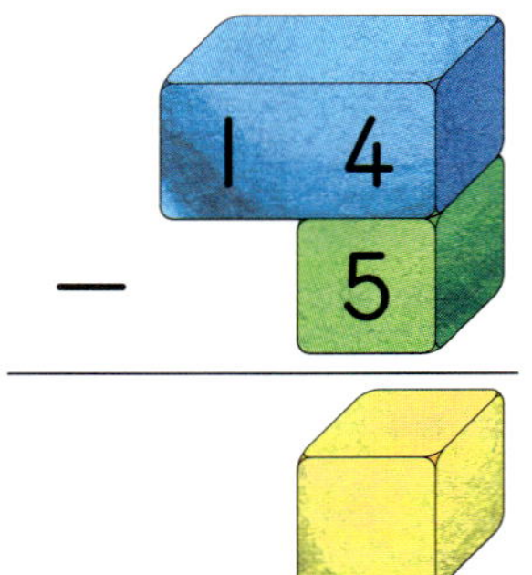

❷

1 6 − 8 =

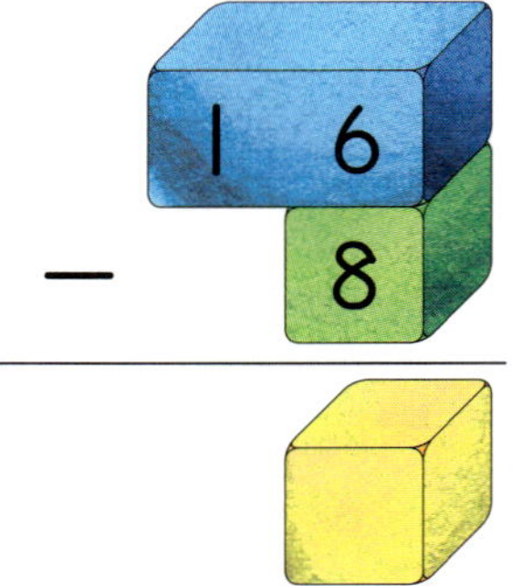

🌱 **뺄셈을 하세요.**

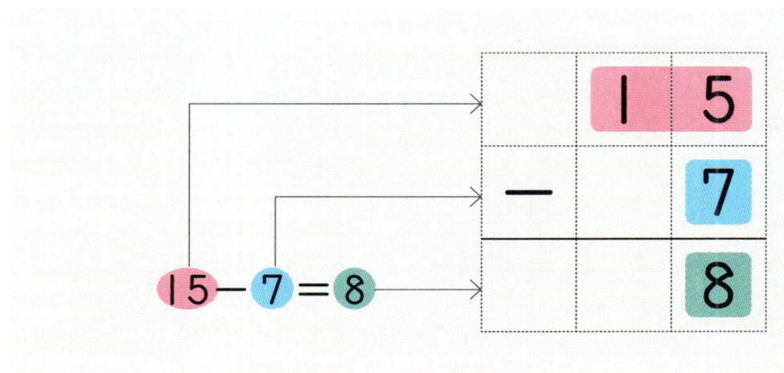

❶
```
  1 3
−   7
```

❷
```
  1 1
−   2
```

❸
```
  1 5
−   8
```

❹
```
  1 6
−   8
```

❺
```
  1 2
−   7
```

❻
```
  1 4
−   5
```

❼
```
  1 2
−   8
```

❽
```
  1 3
−   6
```

❾
```
  1 1
−   9
```

아이들이 뺄셈식을 완성하려고 해요.

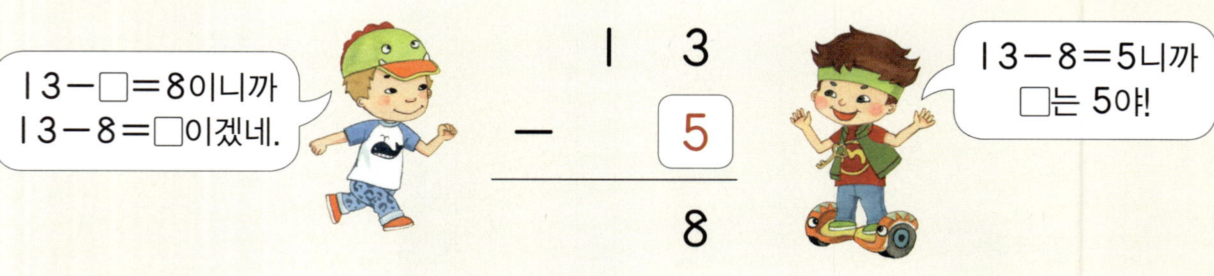

🌳 □ 안에 알맞은 수를 쓰세요.

❶
1 7
－ □
8

❷
□ 2
－ 4
8

❸
1 □
－ 6
6

❹
1 1
－ □
5

❺
1 □
－ 5
9

❻
□ 5
－ 8
7

❼
1 4
－ □
7

❽
1 □
－ 8
3

❾
1 6
－ □
9

벌레들이 나뭇잎을 갉아 먹었어요. 빈 곳에 알맞은 수를 쓰세요.

$$\begin{array}{r} 1\ 6 \\ -\ \boxed{7} \\ \hline 9 \end{array}$$

$$\begin{array}{r} 1\ \\ -\ 5 \\ \hline 6 \end{array}$$

$$\begin{array}{r} 1\ 3 \\ -\ \\ \hline 4 \end{array}$$

$$\begin{array}{r} 1\ 2 \\ -\ \\ \hline 5 \end{array}$$

$$\begin{array}{r} 1\ 5 \\ -\ 7 \\ \hline \end{array}$$

무엇을 배웠을까요

🔺 화살이 꽂힌 수 중 큰 수에서 작은 수를 빼어 ☐ 안에 알맞은 수를 쓰세요.

❶ 

❷ 

🔺 빈 곳에 들어갈 알맞은 퍼즐 조각을 찾아 ◯표 하세요.

❸ 

🔺 빈칸에 알맞은 수를 써넣어 뺄셈표를 완성하세요.

❹
−	3	4	5
11			

❺
−	7	8	9
16			

🔺 빈칸에 알맞은 수를 써넣어 뺄셈표를 완성하세요.

⑥ 

⑦ 

🔺 그림을 보고 □ 안에 알맞은 수를 쓰세요.

⑧ 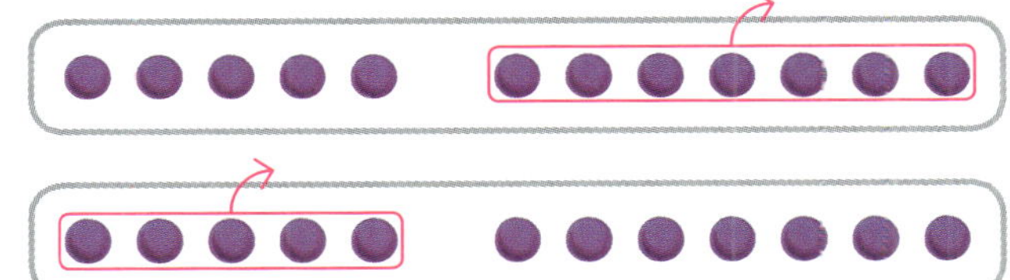

$12 - 7 = \boxed{}$

$12 - \boxed{} = 7$

⑨ 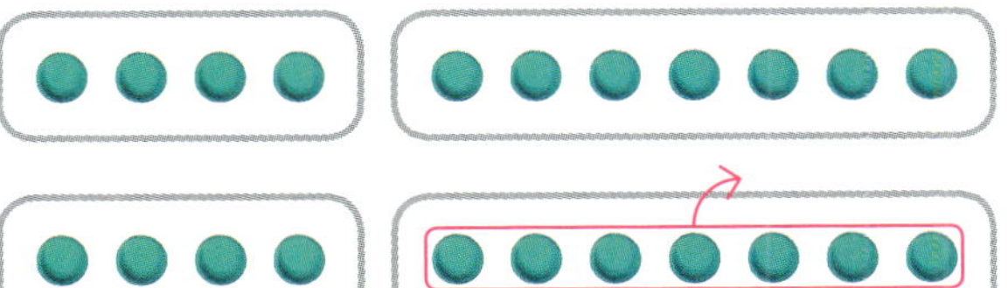

$4 + 7 = \boxed{}$

$\boxed{} - 7 = 4$

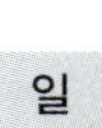

🔺 뺄셈을 하세요.

⑩

	1	4
−		9

⑪

	1	5
−		8

연산력 게임

칙칙폭폭 뺄셈 기차

알맞은 기차 칸은 어느 것일까요?

뺄셈을 하여 빈 곳에 들어갈 기차 칸을 아래쪽에서 찾아 손가락으로 끌어서 넣으세요.
7을 넣으면 정답입니다.

받아내림이 있는 뺄셈을 세로셈으로 계산해 보세요.

뺄셈을 하여 계산 결과를 오른쪽 버튼에서 찾아 손가락으로 누른 다음 확인 버튼을 누르세요.
8을 누르고 확인 버튼을 누르면 정답입니다.

나는 계산왕

연산 보충 학습

받아내림이 없는 뺄셈구구

❖ 뺄셈을 하세요.

① $6 - 1 = \boxed{}$

② $5 - 3 = \boxed{}$

③ $9 - 4 = \boxed{}$

④ $7 - 6 = \boxed{}$

⑤ $4 - 2 = \boxed{}$

⑥ $8 - 5 = \boxed{}$

⑦ $7 - 3 = \boxed{}$

⑧ $9 - 7 = \boxed{}$

❖ ☐ 안에 알맞은 수를 쓰세요.

⑨ $\boxed{} - 2 = 5$

⑩ $\boxed{} - 4 = 4$

⑪ $\boxed{} - 1 = 8$

⑫ $\boxed{} - 2 = 7$

⑬ $\boxed{} - 5 = 1$

⑭ $\boxed{} - 6 = 3$

⑮ $\boxed{} - 1 = 1$

⑯ $\boxed{} - 3 = 4$

뺄셈구구 전략

❖ 뺄셈을 하세요.

① $12 - 4 = \boxed{}$ ② $11 - 3 = \boxed{}$

③ $12 - 3 = \boxed{}$ ④ $13 - 4 = \boxed{}$

⑤ $10 - 3 = \boxed{}$ ⑥ $14 - 5 = \boxed{}$

❖ 반을 이용하여 뺄셈을 하세요.

⑦ $6 - 3 = \boxed{}$ ⑧ $10 - 5 = \boxed{}$

⑨ $14 - 7 = \boxed{}$ ⑩ $18 - 9 = \boxed{}$

❖ 하나 더 많게 갈라 뺄셈을 하세요.

⑪ $11 - 6 = \boxed{}$ ⑫ $15 - 7 = \boxed{}$

⑬ $17 - 8 = \boxed{}$ ⑭ $13 - 6 = \boxed{}$

❖ 뺄셈을 하세요.

❶ $10 - 4 = \boxed{}$

❷ $10 - 1 = \boxed{}$

❸ $10 - 7 = \boxed{}$

❹ $10 - 6 = \boxed{}$

❺ $10 - 2 = \boxed{}$

❻ $10 - 9 = \boxed{}$

❖ ☐ 안에 알맞은 수를 쓰세요.

❼ $10 - 3 + 2 = \boxed{}$
$\boxed{} + 2 = \boxed{}$

❽ $10 - 6 + 3 = \boxed{}$
$\boxed{} + 3 = \boxed{}$

❾ $10 - 9 + 6 = \boxed{}$
$\boxed{} + 6 = \boxed{}$

❿ $10 - 6 + 2 = \boxed{}$
$\boxed{} + 2 = \boxed{}$

❖ 계산을 하세요.

⑪ $10 - 5 + 4 =$ ☐

⑫ $10 - 8 + 5 =$ ☐

⑬ $10 - 6 + 1 =$ ☐

⑭ $10 - 9 + 5 =$ ☐

❖ ☐ 안에 알맞은 수를 쓰세요.

⑮ $11 - 1 - 1 =$ ☐
   ☐ $- 1 =$ ☐

⑯ $14 - 4 - 5 =$ ☐
   ☐ $- 5 =$ ☐

⑰ $18 - 8 - 9 =$ ☐
   ☐ $- 9 =$ ☐

⑱ $17 - 7 - 4 =$ ☐
   ☐ $- 4 =$ ☐

❖ 뺄셈을 하세요.

⑲ $18 - 8 - 5 =$ ☐

⑳ $12 - 2 - 6 =$ ☐

10을 이용한 뺄셈구구

❖ 빼어지는 수를 갈라 뺄셈을 하려고 해요. ☐ 안에 알맞은 수를 쓰세요.

❶ $13 - 8 = \square$

$10 - 8 + \square$

$2 + \square = \square$

❷ $15 - 7 = \square$

$10 - 7 + \square$

$3 + \square = \square$

❖ 빼는 수를 갈라 뺄셈을 하려고 해요. ☐ 안에 알맞은 수를 쓰세요.

❸ $12 - 5 = \square$

$12 - \square - 3$

$\square - 3 = \square$

❹ $14 - 9 = \square$

$14 - \square - 5$

$10 - \square = \square$

❖ 뺄셈을 하세요.

❺ $13 - 4 = \square$

❻ $17 - 9 = \square$

❼ $14 - 8 = \square$

❽ $12 - 6 = \square$

❾ $11 - 4 = \square$

❿ $15 - 7 = \square$

⓫ $18 - 9 = \square$

⓬ $16 - 8 = \square$

뺄셈구구 익히기

❖ ☐ 안에 알맞은 수를 쓰세요.

① $12 - \boxed{} = 4$

② $11 - \boxed{} = 5$

③ $14 - \boxed{} = 6$

④ $13 - \boxed{} = 8$

⑤ $16 - \boxed{} = 9$

⑥ $15 - \boxed{} = 6$

⑦ $\boxed{} - 8 = 9$

⑧ $\boxed{} - 7 = 6$

⑨ $\boxed{} - 3 = 8$

⑩ $\boxed{} - 8 = 5$

⑪ $\boxed{} - 6 = 9$

⑫ $\boxed{} - 9 = 4$

⑬ $\boxed{} - 5 = 7$

⑭ $\boxed{} - 6 = 5$

❖ 뺄셈을 하세요.

⑮		1 4 − 9	⑯	1 5 − 7	⑰	1 2 − 3

⑮
```
  1 4
−   9
─────
```

⑯
```
  1 5
−   7
─────
```

⑰
```
  1 2
−   3
─────
```

⑱
```
  1 7
−   8
─────
```

⑲
```
  1 1
−   8
─────
```

⑳
```
  1 6
−   7
─────
```

❖ ☐ 안에 알맞은 수를 쓰세요.

㉑
```
  ☐ 5
−   9
─────
    6
```

㉒
```
  1 4
−   ☐
─────
    7
```

㉓
```
  ☐ 2
−   8
─────
    4
```

㉔
```
  1 3
−   ☐
─────
    6
```

㉕
```
  1 ☐
−   8
─────
    8
```

㉖
```
  1 ☐
−   5
─────
    8
```

261 개수 세어 뺄셈하기

6·7

식탁 위에 울보 요괴의 사과가 있어요.

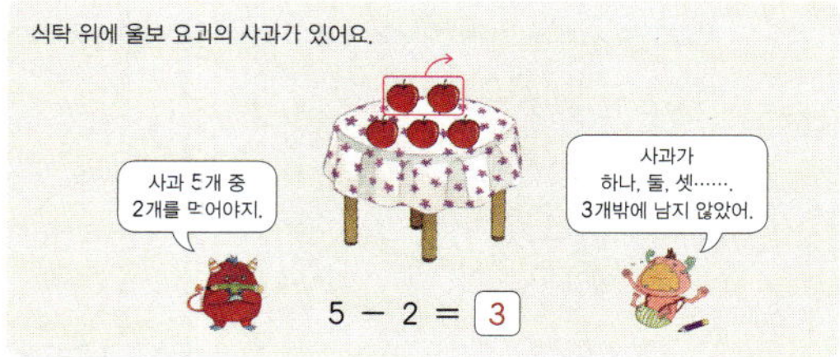

🌱 먹고 남은 사과의 수를 세어 뺄셈을 하세요.

① 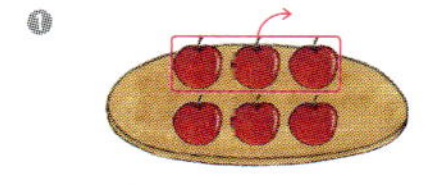
6 − 3 = 3

② 
7 − 2 = 5

③ 
8 − 1 = 7

④ 
9 − 3 = 6

🌱 그림을 보고 남은 구슬의 수를 세어 뺄셈을 하세요.

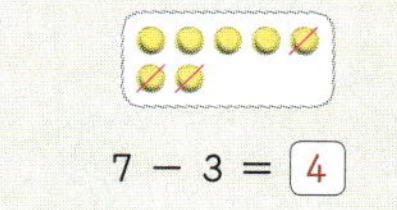
7 − 3 = 4

① 
4 − 2 = 2

②
5 − 3 = 2

③
6 − 2 = 4

④
8 − 1 = 7

⑤
9 − 4 = 5

⑥
7 − 1 = 6

8·9

책상 위에 클립이 어지럽게 놓여 있어요.

🌱 빼는 수만큼 /로 지우고 뺄셈을 하세요.

① 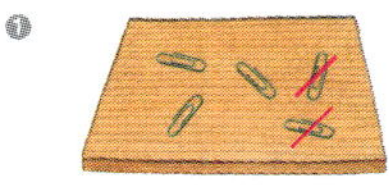
5 − 2 = 3

② 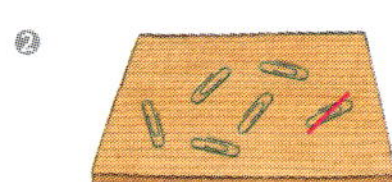
6 − 1 = 5

③
8 − 4 = 4

④ 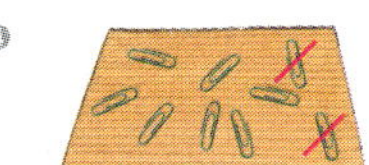
9 − 2 = 7

🌱 빼는 수만큼 /로 지우고 남은 구슬의 수를 세어 뺄셈을 하세요.

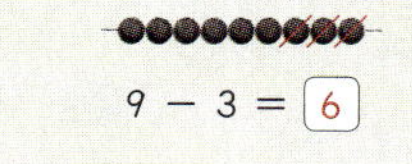
9 − 3 = 6

① 
7 − 3 = 4

②
3 − 1 = 2

③
8 − 1 = 7

④ 
9 − 4 = 5

⑤
9 − 1 = 8

⑥ 
6 − 3 = 3

⑦
5 − 3 = 2

⑧
7 − 2 = 5

262 비교하여 뺄셈하기

요괴들이 새들에게 새집을 하나씩 만들어 주려고 해요.

$6 - 4 = 2$

● 새와 새집을 하나씩 짝 짓고 남은 새의 수를 세어 뺄셈을 하세요.

❶ $5 - 3 = 2$

❷ $7 - 6 = 1$

❸ $8 - 5 = 3$

● 동그라미와 네모를 하나씩 짝 짓고 남은 동그라미의 수를 세어 뺄셈을 하세요.

$7 - 4 = 3$

❶ $5 - 4 = 1$

❷ $8 - 4 = 4$

❸ $4 - 3 = 1$

❹ $7 - 5 = 2$

❺ $6 - 3 = 3$

❻ $9 - 7 = 2$

다람쥐가 도토리를 찾고 있어요.

$7 - 4 = 3$

● 다람쥐 수만큼 도토리를 선으로 묶고 남은 도토리의 수를 세어 뺄셈을 하세요.

❶ $5 - 4 = 1$

❷ $7 - 3 = 4$

❸ $6 - 5 = 1$

❹ $8 - 6 = 2$

● 빼는 수만큼 묶고 남은 구슬의 수를 세어 뺄셈을 하세요.

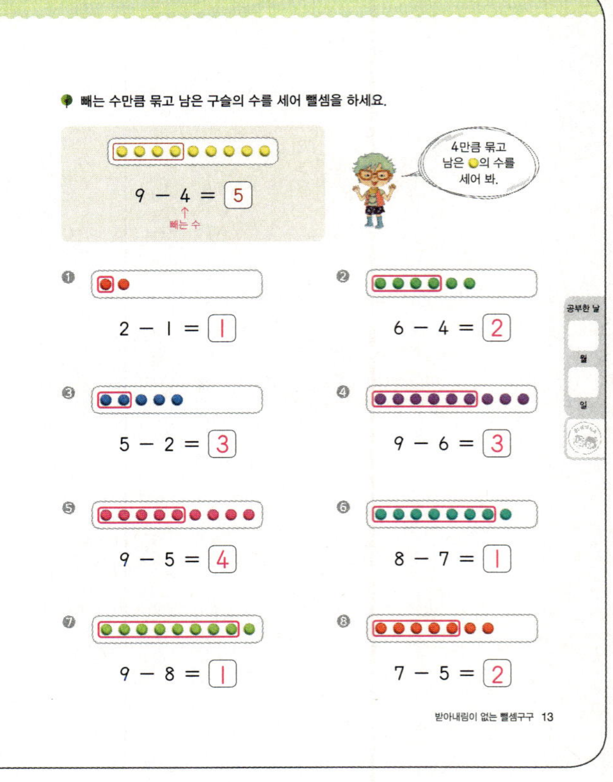

$9 - 4 = 5$

빼는 수

❶ $2 - 1 = 1$

❷ $6 - 4 = 2$

❸ $5 - 2 = 3$

❹ $9 - 6 = 3$

❺ $9 - 5 = 4$

❻ $8 - 7 = 1$

❼ $9 - 8 = 1$

❽ $7 - 5 = 2$

공부한 날
월
일

263 거꾸로 세어 뺄셈하기

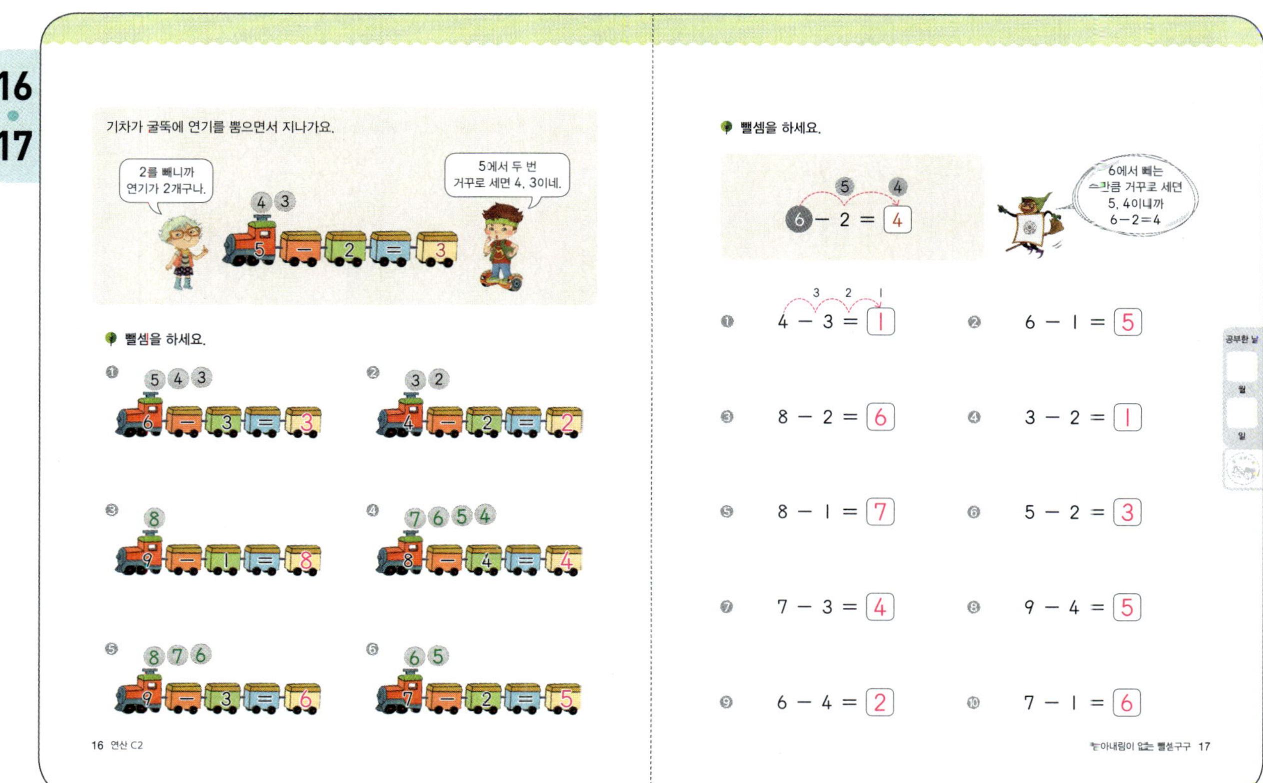

264 여러 가지 방법으로 뺄셈하기

아이들이 여러 가지 방법으로 뺄셈을 해요.

$$5 - 3 = 2$$

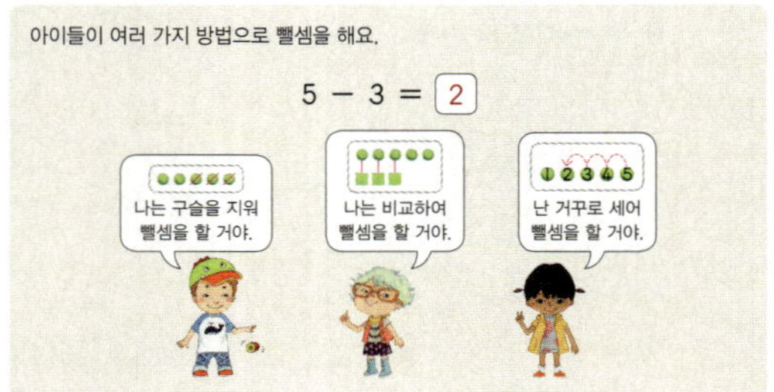

🍎 그림을 보고 뺄셈을 하세요.

❶ $9 - 2 = 7$

❷ $8 - 6 = 2$

❸ $7 - 5 = 2$

❹ $6 - 4 = 2$

🍎 여러 가지 방법으로 뺄셈을 하세요.

$$8 - 2 = 6$$

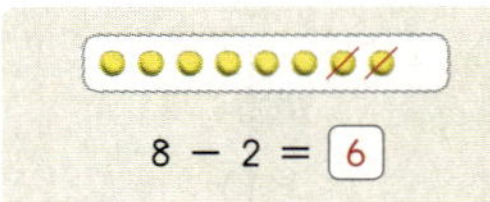

❶ $9 - 3 = 6$

❷ $6 - 2 = 4$

❸ $5 - 4 = 1$

❹ $8 - 5 = 3$

❺ $9 - 7 = 2$

❻ $7 - 6 = 1$

아이들이 각자 편한 방법으로 뺄셈을 하려고 해요.

$9 - 2$ — 5
$7 - 3$ — 7
$8 - 3$ — 4

🍎 서로 관계있는 것끼리 선으로 이으세요.

❶
$6 - 1$ — 6
$9 - 6$ — 3
$8 - 2$ — 5

🍎 여러 가지 방법으로 뺄셈을 하세요.

$$6 - 2 = 4$$

❶ $5 - 4 = 1$
❷ $9 - 7 = 2$

❸ $7 - 3 = 4$
❹ $8 - 7 = 1$

❺ $9 - 5 = 4$
❻ $6 - 3 = 3$

❼ $5 - 2 = 3$
❽ $8 - 6 = 2$

❾ $3 - 2 = 1$
❿ $8 - 1 = 7$

---

265 □가 있는 뺄셈

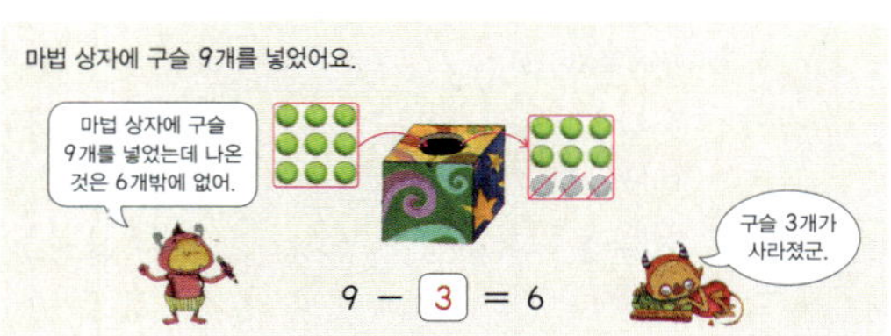

$9 - \boxed{3} = 6$

🍏 뺄셈식의 오른쪽 수만큼 남도록 구슬을 /로 지웠어요. 지운 구슬의 수를 세어 □ 안에 알맞은 수를 쓰세요.

① $6 - \boxed{4} = 2$

② $8 - \boxed{3} = 5$

③ $7 - \boxed{2} = 5$

④ $9 - \boxed{4} = 5$

⑤ $8 - \boxed{4} = 4$

⑥ $6 - \boxed{2} = 4$

🍏 뺄셈식의 오른쪽 수만큼 남도록 구슬을 /로 지우고 □ 안에 알맞은 수를 쓰세요.

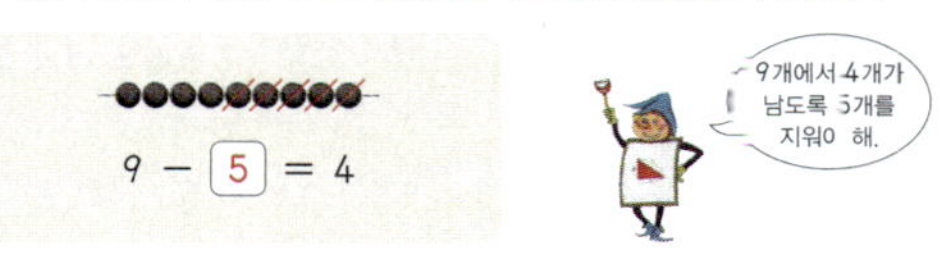

$9 - \boxed{5} = 4$

① $6 - \boxed{2} = 4$

② $2 - \boxed{1} = 1$

③ $4 - \boxed{2} = 2$

④ $7 - \boxed{3} = 4$

⑤ $5 - \boxed{4} = 1$

⑥ $9 - \boxed{4} = 5$

⑦ $7 - \boxed{4} = 3$

⑧ $8 - \boxed{2} = 6$

큐리는 □ 안에 알맞은 수가 무엇인지 궁금해요.

$\boxed{8} - 3 = 5$

🍏 □ 안에 알맞은 수를 쓰세요.

① $\boxed{6} - 3 = 3$

② $\boxed{7} - 2 = 5$

③ $\boxed{2} - 1 = 1$

④ $\boxed{5} - 1 = 4$

⑤ $\boxed{9} - 3 = 6$

⑥ $\boxed{8} - 4 = 4$

⑦ $\boxed{4} - 2 = 2$

⑧ $\boxed{9} - 1 = 8$

⑨ $\boxed{6} - 2 = 4$

⑩ $\boxed{8} - 2 = 6$

🍏 하늘에 풍선 4개가 떠 있어요. □ 안에 알맞은 수를 찾아 선을 그어서 말뚝에 연결하세요.

무엇을 배웠을까요

♣ 그림을 보고 남은 구슬의 수를 세어 뺄셈을 하세요.

① 6 − 1 = 5

② 7 − 3 = 4

♣ 빼는 수만큼 /로 지우고 남은 구슬의 수를 세어 뺄셈을 하세요.

③ 5 − 4 = 1

④ 9 − 1 = 8

♣ 새와 새집을 하나씩 짝 짓고 남은 새의 수를 세어 뺄셈을 하세요.

⑤ 7 − 5 = 2

♣ 빼는 수만큼 묶고 남은 구슬의 수를 세어 뺄셈을 하세요.

⑥ 4 − 3 = 1

⑦ 7 − 3 = 4

♠ 거꾸로 세어 뺄셈을 하세요.

⑧ 6 − 2 = 4

⑨ 8 − 4 = 4

♠ 뺄셈을 하세요.

⑩ 8 − 2 = 6

⑪ 5 − 1 = 4

♠ 뺄셈식의 오른쪽 수만큼 남도록 구슬을 /로 지우고 □ 안에 알맞은 수를 쓰세요.

⑫ 5 − 2 = 3

⑬ 7 − 2 = 5

♠ □ 안에 알맞은 수를 쓰세요.

⑭ 7 − 4 = 3

⑮ 9 − 2 = 7

266 지우고 비교하여 뺄셈하기

접시 위에 사탕이 놓여져 있어요.

12 − 4 = 8

♣ 빼는 수만큼 /로 지우고 뺄셈을 하세요.

① 12 − 6 = 6

② 13 − 8 = 5

③ 11 − 3 = 8

④ 12 − 5 = 7

♣ 빼는 수만큼 /로 지우고 남은 구슬의 수를 세어 뺄셈을 하세요.

11 − 3 = 8

① 12 − 4 = 8

② 13 − 5 = 8

③ 11 − 5 = 6

④ 12 − 3 = 9

⑤ 13 − 7 = 6

⑥ 14 − 5 = 9

⑦ 10 − 3 = 7

⑧ 11 − 2 = 9

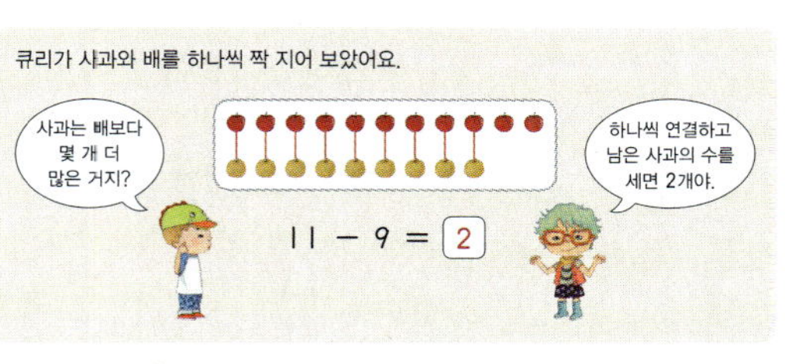

♣ 과일을 하나씩 짝 짓고 남은 과일의 수를 세어 뺄셈을 하세요.

① $12 - 8 = 4$

② $13 - 7 = 6$

③ $12 - 9 = 3$

④ $11 - 6 = 5$

♣ 빼는 수만큼 묶고 남은 구슬의 수를 세어 뺄셈을 하세요.

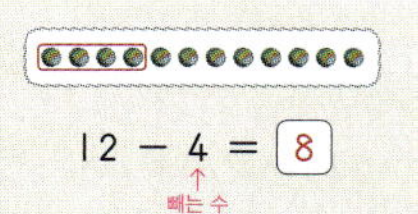

① $11 - 7 = 4$

② $10 - 8 = 2$

③ $12 - 9 = 3$

④ $11 - 8 = 3$

⑤ $14 - 6 = 8$

⑥ $13 - 6 = 7$

공부한 날
월
일

267 거꾸로 세어 뺄셈하기

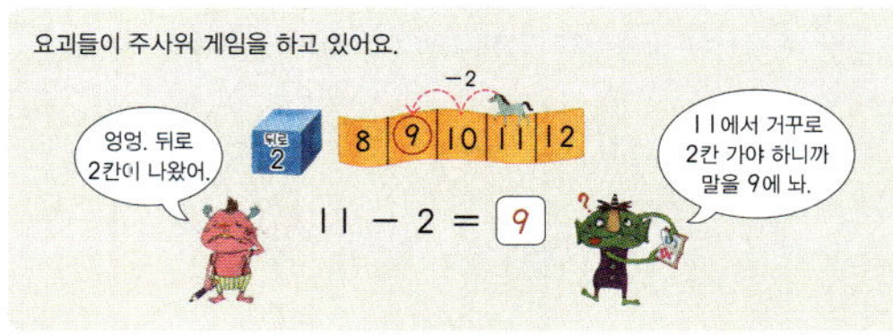

♣ 주사위에 맞게 말이 움직일 칸에 ○표 하고 뺄셈을 하세요.

① $10 - 2 = 8$

② $12 - 3 = 9$

③ $11 - 4 = 7$

④ $10 - 1 = 9$

⑤ $10 - 3 = 7$

⑥ $12 - 4 = 8$

♣ 거꾸로 세어 뺄셈을 하세요.

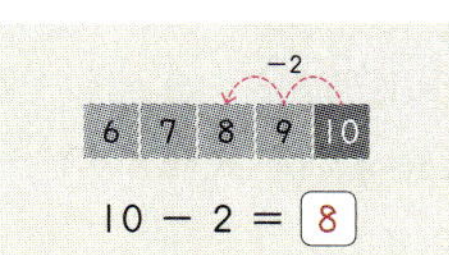

① $11 - 3 = 8$

② $12 - 3 = 9$

③ $10 - 4 = 6$

④ $10 - 3 = 7$

⑤ $11 - 4 = 7$

⑥ $11 - 2 = 9$

36 · 37

기차가 굴뚝에 연기를 뿜으면서 지나가요.

뺄셈을 하세요.

① 10 9 8 — 3 = 8
② 9 10 — 1 = 9
③ 11 10 9 12 — 3 = 9
④ 9 8 10 — 2 = 8
⑤ 10 9 8 7 — 4 = 7
⑥ 12 11 10 9 13 — 4 = 9

뺄셈을 하세요.

① 10 - 1 = 9
② 10 - 3 = 7
③ 11 - 3 = 8
④ 12 - 3 = 9
⑤ 11 - 4 = 7
⑥ 10 - 2 = 8
⑦ 10 - 4 = 6
⑧ 11 - 6 = 5
⑨ 13 - 5 = 8
⑩ 14 - 6 = 8

38 · 39

268 반과 | 큰 수로 가르기

티나와 태돌이가 초콜릿을 나누었어요.

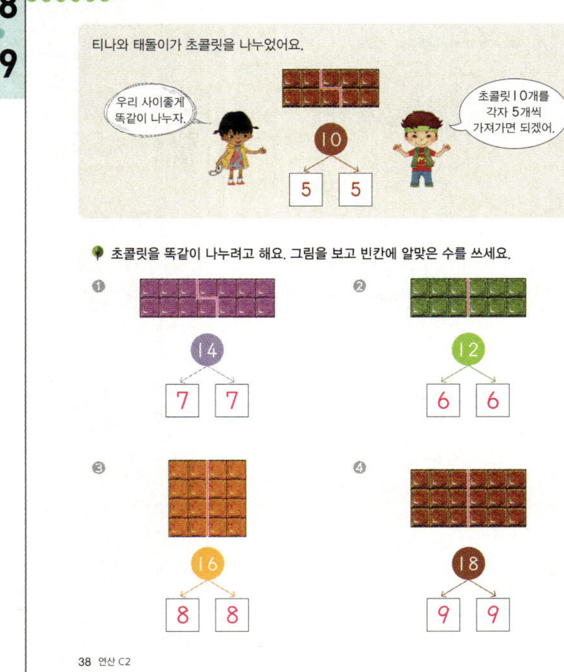

초콜릿을 똑같이 나누려고 해요. 그림을 보고 빈칸에 알맞은 수를 쓰세요.

① 14 → 7 7
② 12 → 6 6
③ 16 → 8 8
④ 18 → 9 9

두 수를 똑같이 반으로 갈랐어요. 빈칸에 알맞은 수를 쓰세요.

8 → 4 4

둘로 똑같이 나눌 때, 그중 하나를 반이라고 해. 8의 반은 4야.

① 2 → 1 1
② 10 → 5 5
③ 4 → 2 2
④ 14 → 7 7
⑤ 6 → 3 3
⑥ 18 → 9 9
⑦ 12 → 6 6
⑧ 16 → 8 8
⑨ 8 → 4 4

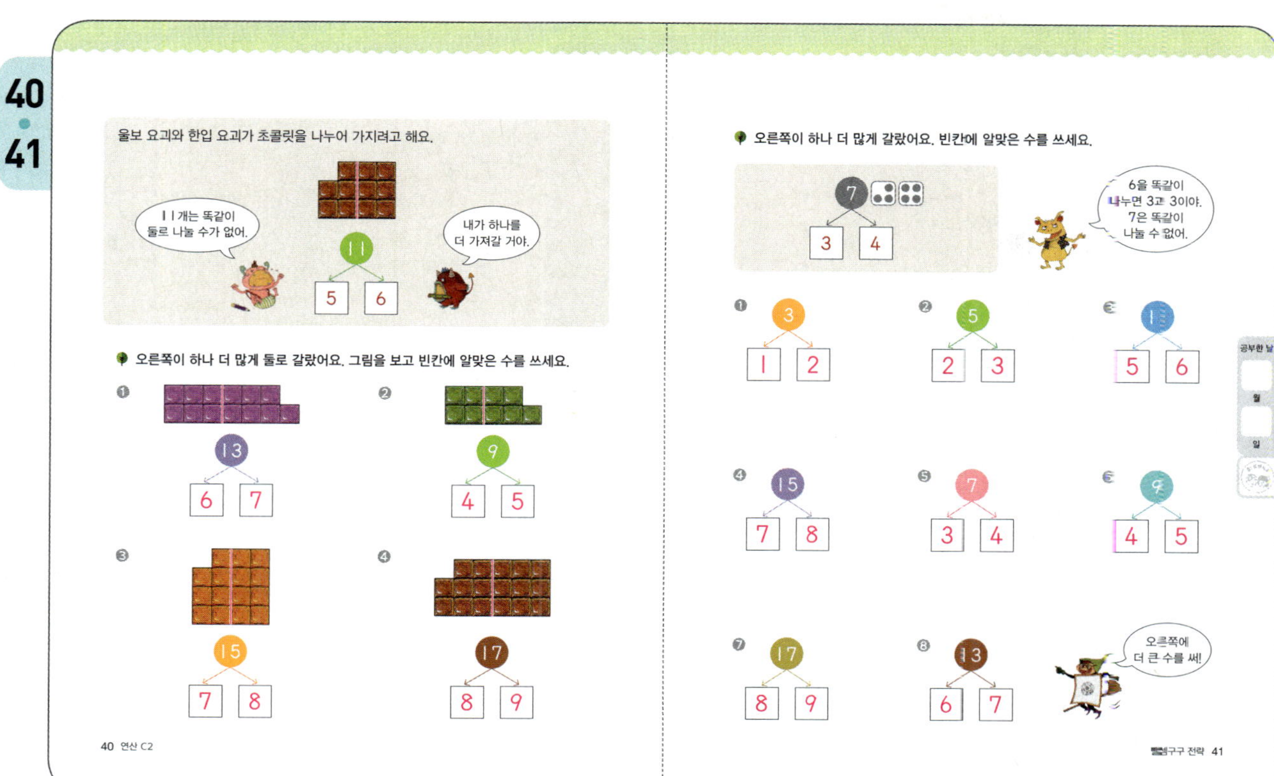

269 반을 이용하여 뺄셈하기

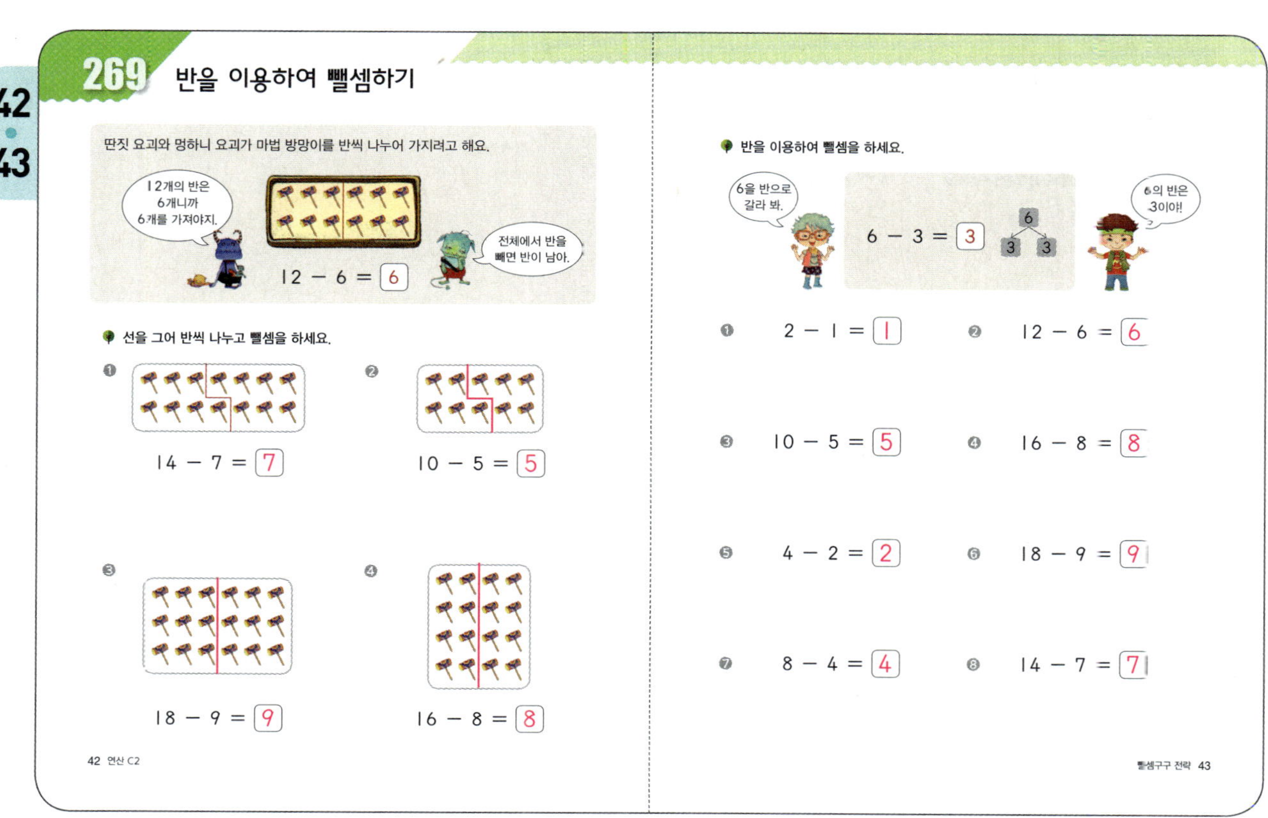

44 · 45

티나가 모빌 저울로 장난감의 무게를 비교하고 있어요.

🌳 오른쪽 수가 하나 더 많게 수를 갈랐어요. 그림을 보고 뺄셈을 하세요.

❶ 
13 − 6 = 7

❷ 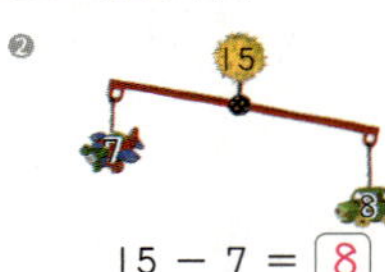
15 − 7 = 8

❸ 
17 − 9 = 8

❹ 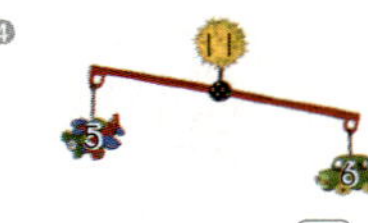
11 − 6 = 5

🌳 하나 더 많게 갈라 뺄셈을 하세요.

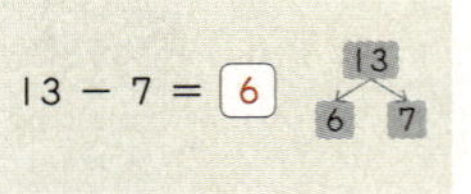

❶ 11 − 5 = 6   ❷ 15 − 8 = 7

❸ 15 − 7 = 8   ❹ 11 − 6 = 5

❺ 17 − 8 = 9   ❻ 13 − 6 = 7

❼ 17 − 9 = 8   ❽ 13 − 7 = 6

---

46 · 47

❄ 무엇을 배웠을까요

🌲 빼는 수만큼 /로 지우고 남은 구슬의 수를 세어 뺄셈을 하세요.

❶ 
12 − 4 = 8

❷ 13 − 8 = 5

🌲 과일을 하나씩 짝 짓고 남은 과일의 수를 세어 뺄셈을 하세요.

❸ 
15 − 6 = 9

🌲 거꾸로 세어 뺄셈을 하세요.

❹ 
−2
8 9 10 11 12
11 − 2 = 9

❺ 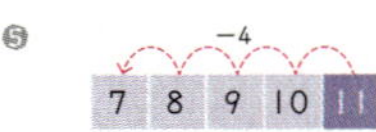
−4
7 8 9 10 11
11 − 4 = 7

🌲 뺄셈을 하세요.

❻ 13 − 4 = 9   ❼ 14 − 5 = 9

🌲 두 수를 똑같이 반으로 갈랐어요. 빈칸에 알맞은 수를 쓰세요.

❽ 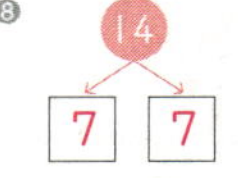
14
7 7

❾ 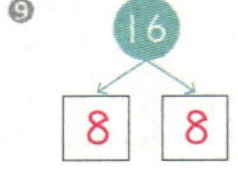
16
8 8

❿ 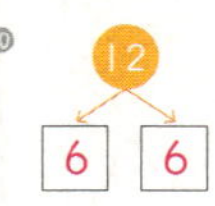
12
6 6

🌲 오른쪽이 하나 더 많게 갈랐어요. 빈칸에 알맞은 수를 쓰세요.

⓫ 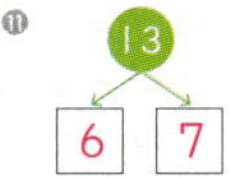
13
6 7

⓬ 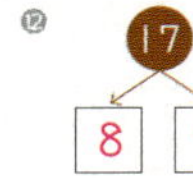
17
8 9

⓭ 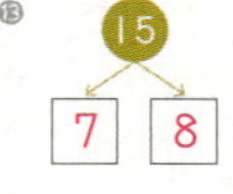
15
7 8

🌲 반을 이용하여 뺄셈을 하세요.

⓮ 12 − 6 = 6   ⓯ 18 − 9 = 9

🌲 하나 더 많게 갈라 뺄셈을 하세요.

⓰ 11 − 5 = 6   ⓱ 15 − 8 = 7

270 10에서 빼기

요괴들이 몰려와 음료수를 마셨어요.

$10 - 6 = \boxed{4}$

🍀 음료수 10병 중 남은 병의 수를 세어 뺄셈을 하세요.

❶ $10 - 3 = \boxed{7}$

❷ $10 - 7 = \boxed{3}$

❸ $10 - 5 = \boxed{5}$

❹ $10 - 8 = \boxed{2}$

🍀 10에서 여러 가지 수를 빼려고 해요. 빼는 수만큼 구슬을 묶고 남은 구슬의 수를 세어 뺄셈을 하세요.

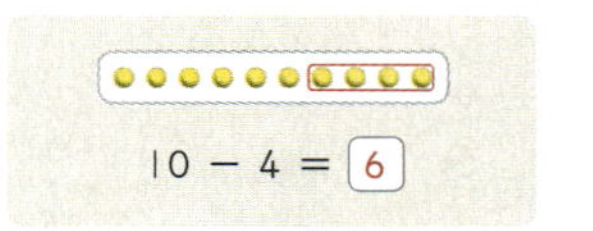

$10 - 4 = \boxed{6}$

❶ $10 - 1 = \boxed{9}$ ❷ $10 - 7 = \boxed{3}$

❸ $10 - 3 = \boxed{7}$ ❹ $10 - 2 = \boxed{8}$

❺ $10 - 8 = \boxed{2}$ ❻ $10 - 5 = \boxed{5}$

티나와 현우가 잎새 따기 놀이를 해요.

🍀 뺄셈을 하여 계산 결과에 맞는 잎새를 찾아 색칠하세요.

❶ 

❷ 

❸ 

❹ 

🍀 뺄셈을 하세요.

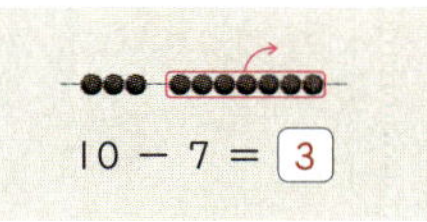

$10 - 7 = \boxed{3}$

❶ $10 - 8 = \boxed{2}$ ❷ $10 - 4 = \boxed{6}$

❸ $10 - 3 = \boxed{7}$ ❹ $10 - 6 = \boxed{4}$

❺ $10 - 5 = \boxed{5}$ ❻ $10 - 7 = \boxed{3}$

❼ $10 - 9 = \boxed{1}$ ❽ $10 - 1 = \boxed{9}$

공부한 날
월
일

54 · 55

271 10에서 빼고 더하기

아이들이 냉장고에 있던 음료수를 마시고 다시 채워 넣었어요.

🌳 그림을 보고 계산을 하세요.

① 10 − 5 + 4 = 9

② 10 − 8 + 1 = 3

③ 10 − 7 + 3 = 6

🌳 ☐ 안에 알맞은 수를 쓰세요.

10 − 5 + 1 = 6
5 + 1 = 6

① 10 − 6 + 4 = 8
   4 + 4 = 8

② 10 − 4 + 3 = 9
   6 + 3 = 9

③ 10 − 7 + 4 = 7
   3 + 4 = 7

④ 10 − 9 + 3 = 4
   1 + 3 = 4

⑤ 10 − 3 + 1 = 8
   7 + 1 = 8

⑥ 10 − 8 + 3 = 5
   2 + 3 = 5

56 · 57

한입 요괴가 귤 10개 중 7개를 먹고 다시 5개를 채웠어요.

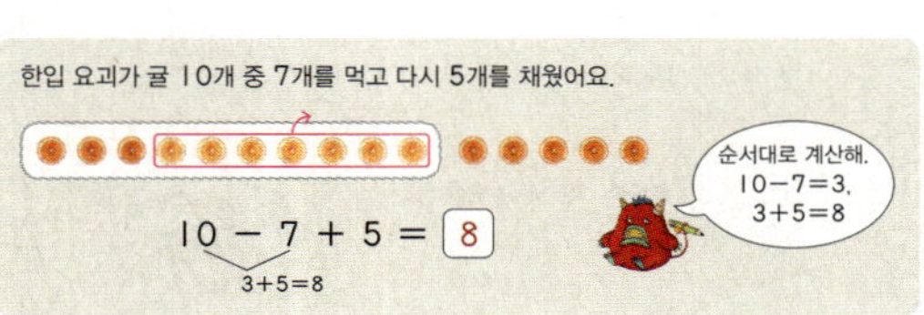

🌳 계산을 하세요.

① 10 − 9 + 7 = 8

② 10 − 7 + 1 = 4

③ 10 − 6 + 3 = 7

④ 10 − 9 + 2 = 3

⑤ 10 − 8 + 4 = 6

⑥ 10 − 7 + 6 = 9

⑦ 10 − 9 + 1 = 2

⑧ 10 − 3 + 2 = 9

동물들이 집을 찾아가려고 해요.

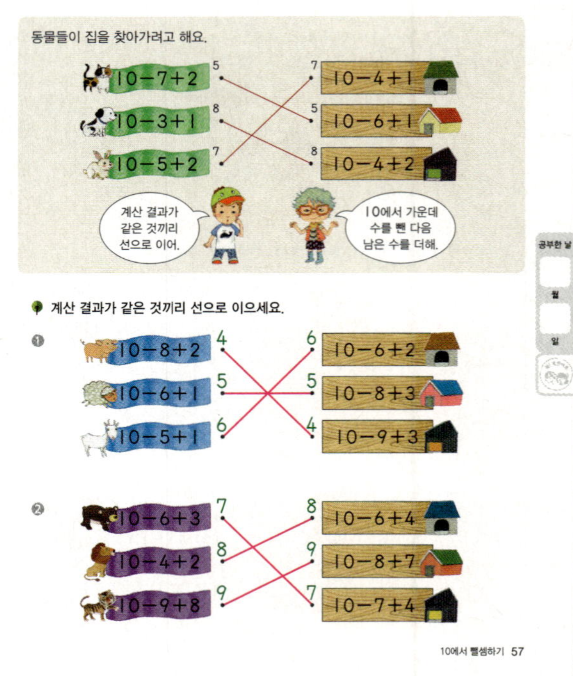

🌳 계산 결과가 같은 것끼리 선으로 이으세요.

①
10−8+2   4   6   10−6+2
10−6+1   5   5   10−8+3
10−5+1   6   4   10−9+3

②
10−6+3   7   8   10−6+4
10−4+2   8   9   10−8+7
10−9+8   9   7   10−7+4

공부한 날
월
일

272 10이 되는 두 수 찾아 뺄셈하기

태돌이와 티나는 수 모형을 이용하여 뺄셈을 해요.

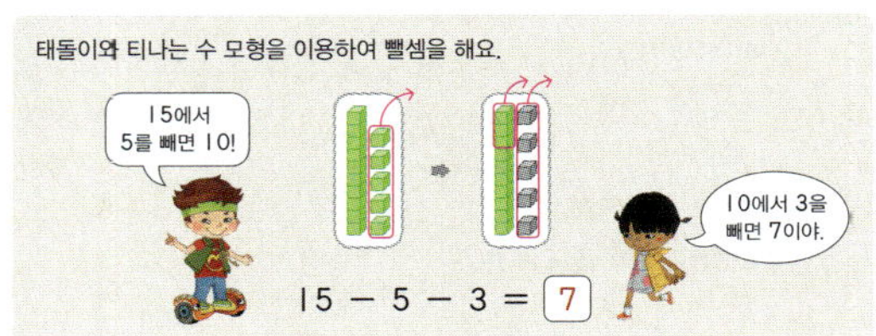

🌱 그림을 보고 뺄셈을 하세요.

❶ 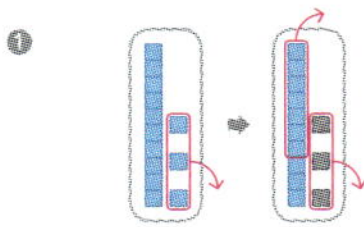
13 − 3 − 7 = 3

❷
16 − 6 − 2 = 8

❸ 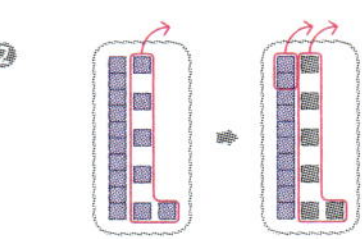
14 − 4 − 6 = 4

❹
17 − 7 − 4 = 6

🌱 □ 안에 알맞은 수를 쓰세요.

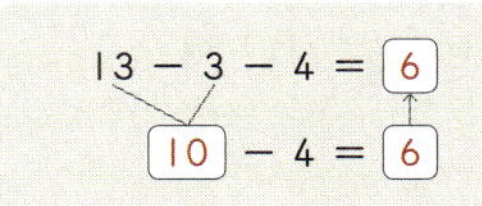
13 − 3 − 4 = 6
10 − 4 = 6

❶ 14 − 4 − 9 = 1
10 − 9 = 1

❷ 16 − 6 − 2 = 8
10 − 2 = 8

❸ 18 − 8 − 5 = 5
10 − 5 = 5

❹ 15 − 5 − 4 = 6
10 − 4 = 6

❺ 17 − 7 − 6 = 4
10 − 6 = 4

❻ 11 − 1 − 3 = 7
10 − 3 = 7

큐리는 쿠키 16개 중 6개를 먹고 8개는 친구에게 주었어요.

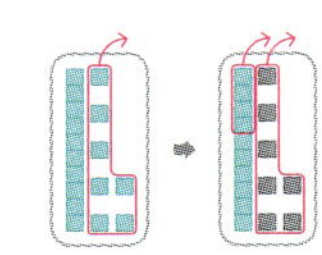
16 − 6 − 8 = 2
10−8=2

🌱 뺄셈을 하세요.

❶ 14 − 4 − 3 = 7
❷ 18 − 8 − 2 = 8

❸ 15 − 5 − 6 = 4
❹ 12 − 2 − 5 = 5

❺ 13 − 3 − 8 = 2
❻ 11 − 1 − 4 = 6

❼ 19 − 9 − 7 = 3
❽ 16 − 6 − 1 = 9

🌱 태돌이와 현우는 숲속에서 암호표를 찾았어요. 빈칸에 알맞은 글자를 찾아 쓰세요.

	5	6	1
14−4−2	17−7−5	11−1−4	16−6−9
공	든	탑	이
18−8−3	12−2−6	17−7−8	15−5−1
무	너	지	라
	7	4	2	9

무엇을 배웠을까요

▲ 음료수 10병 중 남은 병의 수를 세어 뺄셈을 하세요.

❶ 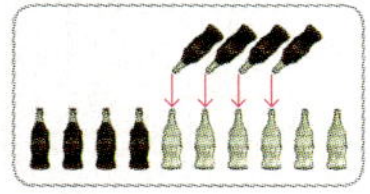 $10 - 4 = \boxed{6}$

▲ 뺄셈을 하세요.

❷ $10 - 2 = \boxed{8}$ ❸ $10 - 7 = \boxed{3}$

▲ 그림을 보고 계산을 하세요.

❹ $10 - 6 + 4 = \boxed{8}$

▲ □안에 알맞은 수를 쓰세요.

❺ $10 - 8 + 6 = \boxed{8}$ ❻ $10 - 3 + 2 = \boxed{9}$
$\boxed{2} + 6 = \boxed{8}$ $\boxed{7} + 2 = \boxed{9}$

▲ 계산을 하세요.

❼ $10 - 5 + 2 = \boxed{7}$ ❽ $10 - 4 + 3 = \boxed{9}$

▲ 그림을 보고 뺄셈을 하세요.

❾ 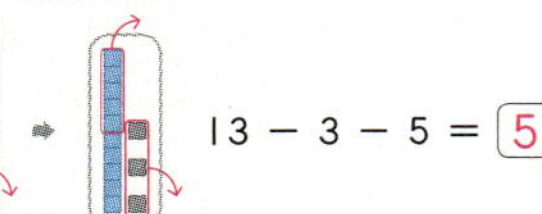 $13 - 3 - 5 = \boxed{5}$

▲ □안에 알맞은 수를 쓰세요.

❿ $16 - 6 - 7 = \boxed{3}$ ⓫ $13 - 3 - 9 = \boxed{1}$
$\boxed{10} - 7 = \boxed{3}$ $\boxed{10} - 9 = \boxed{1}$

▲ 뺄셈을 하세요.

⓬ $19 - 9 - 3 = \boxed{7}$ ⓭ $12 - 2 - 8 = \boxed{2}$

---

273 빼어지는 수 갈라 뺄셈하기

거꾸로 요괴가 새로운 뺄셈 방법을 찾았어요. 빼어지는 수를 갈라 뺄셈을 해요.

● 그림을 보고 빼어지는 수를 갈라 뺄셈을 하세요.

❶ $12 - 4 = \boxed{8}$
$10 - 4 + 2 = \boxed{8}$

❷ $15 - 6 = \boxed{9}$
$10 - 6 + 5 = \boxed{9}$

❸ $13 - 8 = \boxed{5}$
$10 - 8 + 3 = \boxed{5}$

● 빼어지는 수를 갈라 뺄셈을 하려고 해요. □안에 알맞은 수를 쓰세요.

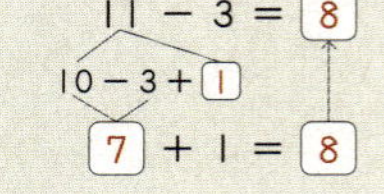

❶ $15 - 7 = \boxed{8}$
$10 - 7 + 5$
$\boxed{3} + 5 = \boxed{8}$

❷ $12 - 8 = \boxed{4}$
$10 - 8 + 2$
$2 + 2 = \boxed{4}$

❸ $16 - 9 = \boxed{7}$
$10 - 9 + 6$
$1 + \boxed{6} = \boxed{7}$

❹ $17 - 8 = \boxed{9}$
$10 - 8 + 7$
$2 + \boxed{7} = \boxed{9}$

❺ $14 - 5 = \boxed{9}$
$10 - 5 + \boxed{4}$
$5 + \boxed{4} = \boxed{9}$

❻ $13 - 6 = \boxed{7}$
$10 - 6 + \boxed{3}$
$4 + \boxed{3} = \boxed{7}$

티나와 태돌이가 수 카드를 이용하여 뺄셈을 해요.

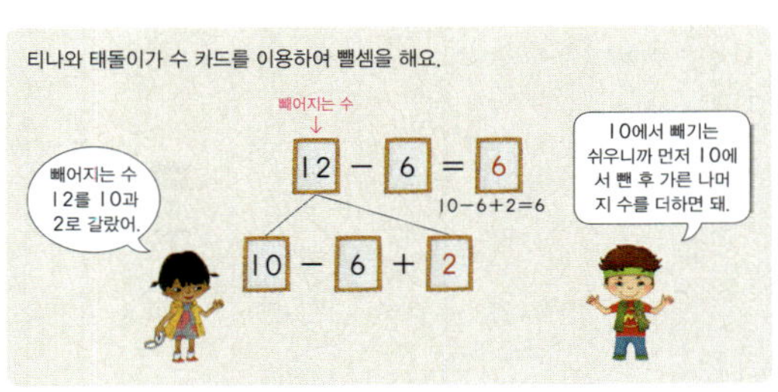

🌱 앞의 수 카드를 갈라 뺄셈을 하려고 해요. 빈 곳에 알맞은 수를 쓰세요.

① 13 − 7 = 6
  10 − 7 + 3

② 16 − 9 = 7
  10 − 9 + 6

③ 11 − 6 = 5
  10 − 6 + 1

④ 15 − 7 = 8
  10 − 7 + 5

🌱 뺄셈을 하세요.

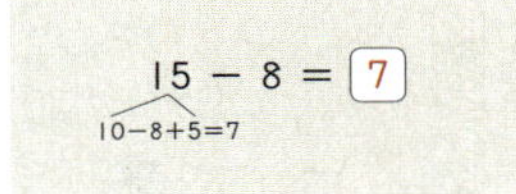
15 − 8 = 7
10−8+5=7

① 11 − 4 = 7
  10−4+1=7

② 15 − 7 = 8

③ 12 − 6 = 6

④ 13 − 8 = 5

⑤ 18 − 9 = 9

⑥ 11 − 7 = 4

⑦ 16 − 8 = 8

⑧ 14 − 8 = 6

⑨ 12 − 5 = 7

⑩ 17 − 8 = 9

---

274 빼는 수 갈라 뺄셈하기

한입 요괴가 빼는 수를 갈라 뺄셈을 해요.

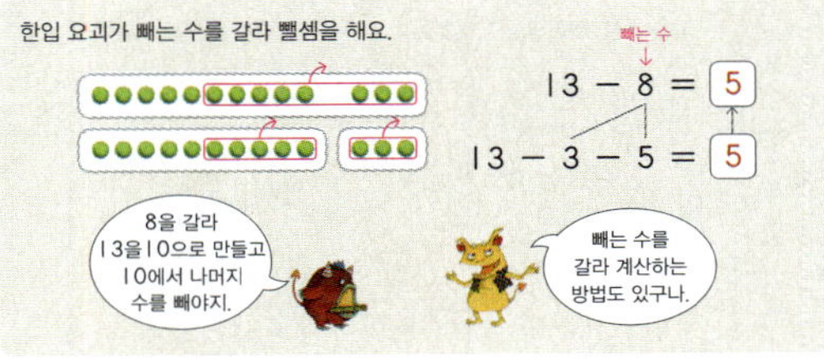

🌱 그림을 보고 뺄셈을 하세요.

① 12 − 6 = 6
  12 − 2 − 4 = 6

② 15 − 7 = 8
  15 − 5 − 2 = 8

③ 14 − 7 = 7
  14 − 4 − 3 = 7

🌱 빼는 수를 갈라 뺄셈을 하려고 해요. □ 안에 알맞은 수를 쓰세요.

13 − 9 = 4
13 − 3 − 6
10 − 6 = 4

① 11 − 8 = 3
  11 − 1 − 7
  10 − 7 = 3

② 12 − 3 = 9
  12 − 2 − 1
  10 − 1 = 9

③ 14 − 8 = 6
  14 − 4 − 4
  10 − 4 = 6

④ 17 − 9 = 8
  17 − 7 − 2
  10 − 2 = 8

⑤ 16 − 9 = 7
  16 − 6 − 3
  10 − 3 = 7

⑥ 13 − 7 = 6
  13 − 3 − 4
  10 − 4 = 6

72 · 73

현우와 티나가 수 카드를 이용하여 뺄셈을 해요.

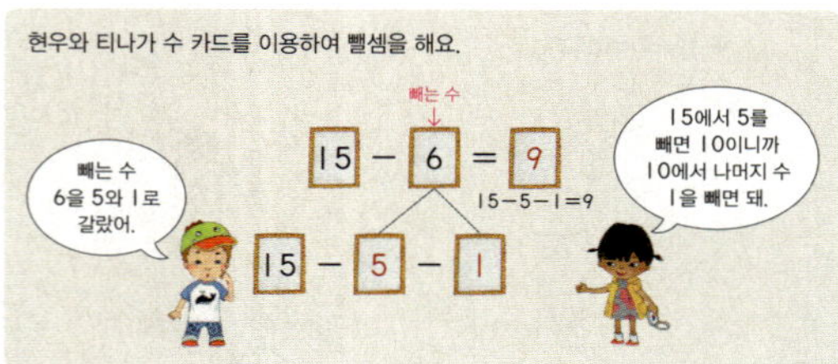

🌱 뒤의 수 카드를 갈라 뺄셈을 하려고 해요. 빈 곳에 알맞은 수를 쓰세요.

❶ 14 − 5 = 9
14 − 4 − 1

❷ 11 − 4 = 7
11 − 1 − 3

❸ 16 − 8 = 8
16 − 6 − 2

❹ 13 − 9 = 4
13 − 3 − 6

🌱 뺄셈을 하세요.

17 − 8 = 9
17−7−1=9

❶ 13 − 7 = 6
13−3−4=6

❷ 11 − 2 = 9

❸ 12 − 8 = 4

❹ 14 − 9 = 5

❺ 12 − 5 = 7

❻ 18 − 9 = 9

❼ 11 − 6 = 5

❽ 13 − 6 = 7

❾ 17 − 9 = 8

❿ 12 − 6 = 6

74 · 75

275 같은 수 더해 뺄셈하기

큐리가 새로운 뺄셈 방법을 발견했다고 해요.

🌱 같은 수를 더해 뺄셈을 하려고 해요. 그림을 보고 □ 안에 알맞은 수를 쓰세요.

❶ 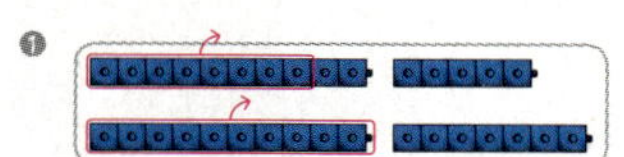
15 − 8 = 7
17 − 10 = 7

❷ 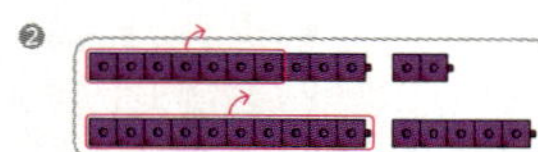
12 − 7 = 5
15 − 10 = 5

❸ 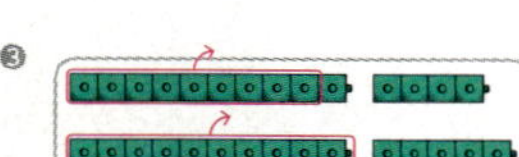
14 − 9 = 5
15 − 10 = 5

🌱 같은 수를 더해 뺄셈을 하세요.

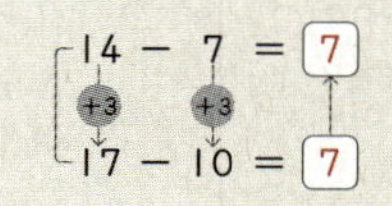

❶ 13 − 6 = 7
+4   +4
17 − 10 = 7

❷ 15 − 9 = 6
+1   +1
16 − 10 = 6

❸ 16 − 8 = 8
+2   +2
18 − 10 = 8

❹ 11 − 7 = 4
+3   +3
14 − 10 = 4

❺ 14 − 8 = 6
+2   +2
16 − 10 = 6

❻ 15 − 6 = 9
+4   +4
19 − 10 = 9

여러 동물들의 3층짜리 집이에요. 관계있는 층끼리 선으로 이으려고 해요.

🌱 관계있는 것끼리 선으로 이으세요.

❶
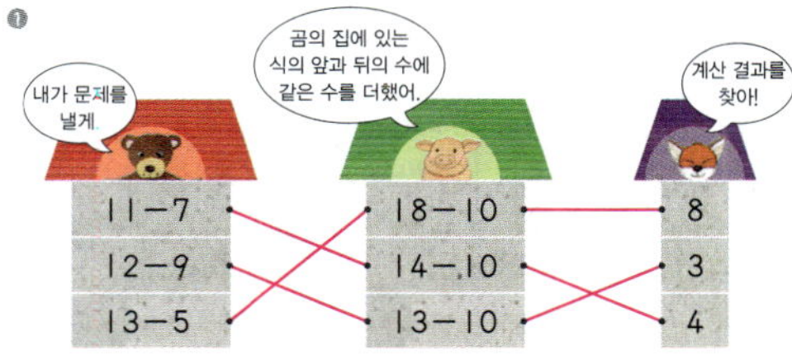

🌱 뺄셈을 하세요.

$15 - 6 = \boxed{9}$

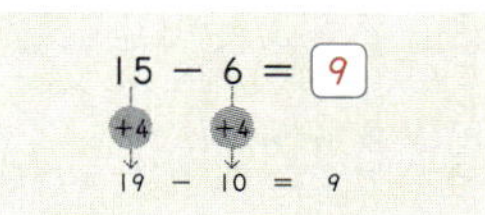
$19 - 10 = 9$

❶ $17 - 8 = \boxed{9}$
$19 - 10$

❷ $12 - 7 = \boxed{5}$

❸ $15 - 8 = \boxed{7}$

❹ $13 - 5 = \boxed{8}$

❺ $11 - 5 = \boxed{6}$

❻ $12 - 9 = \boxed{3}$

❼ $13 - 8 = \boxed{5}$

❽ $11 - 7 = \boxed{4}$

❾ $18 - 9 = \boxed{9}$

❿ $14 - 6 = \boxed{8}$

---

276 같은 수 빼어 뺄셈하기

현우도 새로운 뺄셈 방법을 발견했어요.

$12 - 7 = \boxed{5}$
$10 - 5 = \boxed{5}$

🌱 같은 수를 빼어 뺄셈을 하려고 해요. 그림을 보고 ☐ 안에 알맞은 수를 쓰세요.

❶
$13 - 5 = \boxed{8}$
$10 - 2 = \boxed{8}$

❷
$11 - 8 = \boxed{3}$
$10 - 7 = \boxed{3}$

❸
$14 - 8 = \boxed{6}$
$10 - 4 = \boxed{6}$

🌱 같은 수를 빼어 뺄셈을 하세요.

$14 - 6 = \boxed{8}$
$10 - 2 = \boxed{8}$

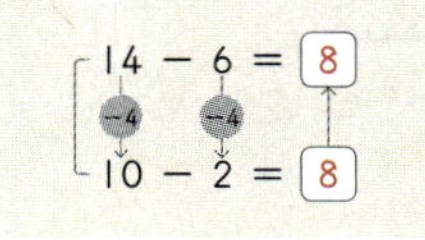

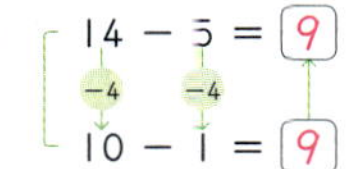

❶ $11 - 5 = \boxed{6}$
$10 - 4 = \boxed{6}$

❷ $14 - 5 = \boxed{9}$
$10 - 1 = \boxed{9}$

❸ $12 - 4 = \boxed{8}$
$10 - 2 = \boxed{8}$

❹ $13 - 5 = \boxed{7}$
$10 - 3 = \boxed{7}$

❺ $15 - 9 = \boxed{6}$
$10 - 4 = \boxed{6}$

❻ $13 - 5 = \boxed{8}$
$10 - 2 = \boxed{8}$

80 · 81

큐리는 날아가고 남은 벌이 몇 마리인지 세려고 해요.

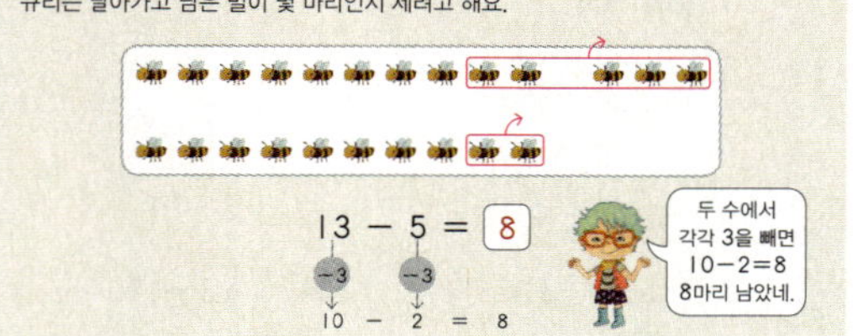

$$13 - 5 = 8$$
$$10 - 2 = 8$$

🌱 뺄셈을 하세요.

① $11 - 3 = 8$ ② $14 - 7 = 7$

③ $13 - 8 = 5$ ④ $12 - 3 = 9$

⑤ $15 - 8 = 7$ ⑥ $11 - 5 = 6$

⑦ $12 - 9 = 3$ ⑧ $13 - 7 = 6$

🌸 여러 가지 식 카드와 수 카드가 섞여 있어요. 뺄셈을 하여 관계있는 카드 3장씩 선으로 이어 보세요.

공부한 날
월
일

---

82 · 83

❄️ **무엇을 배웠을까요**

🌲 그림을 보고 빼어지는 수를 갈라 뺄셈을 하세요.

①

$$13 - 5 = 8$$
$$10 - 5 + 3 = 8$$

🌲 빼어지는 수를 갈라 뺄셈을 하려고 해요. ☐ 안에 알맞은 수를 쓰세요.

② $13 - 6 = 7$
$10 - 6 + 3$
$4 + 3 = 7$

③ $15 - 9 = 6$
$10 - 9 + 5$
$1 + 5 = 6$

🌲 빼는 수를 갈라 뺄셈을 하려고 해요. ☐ 안에 알맞은 수를 쓰세요.

④ $14 - 7 = 7$
$14 - 4 = 3$
$10 - 3 = 7$

⑤ $17 - 8 = 9$
$17 - 7 - 1$
$10 - 1 = 9$

🌲 같은 수를 더해 뺄셈을 하세요.

⑥ $12 - 7 = 5$ (+3) (+3)
$15 - 10 = 5$

⑦ $14 - 8 = 6$ (+2) (+2)
$16 - 10 = 6$

🌲 같은 수를 빼어 뺄셈을 하세요.

⑧ $12 - 6 = 6$ (−2) (−2)
$10 - 4 = 6$

⑨ $18 - 9 = 9$ (−8) (−8)
$10 - 1 = 9$

🌲 뺄셈을 하세요.

⑩ $11 - 5 = 6$ ⑪ $16 - 8 = 8$

⑫ $17 - 9 = 8$ ⑬ $13 - 7 = 6$

공부한 날
월
일

277 받아내림이 있는 뺄셈

86 · 87

큐리와 티나가 과녁 맞히기 놀이를 해요.

화살이 꽂힌 수 중 큰 수에서 작은 수를 빼어 □ 안에 알맞은 수를 쓰세요.

① 
14−9
5

② 
12−8
4

③ 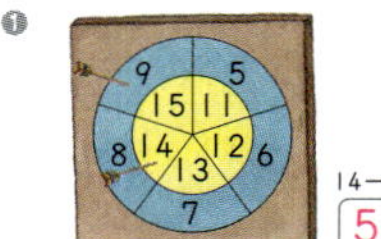
13−6
7

④ 
11−6
5

뺄셈을 하세요.

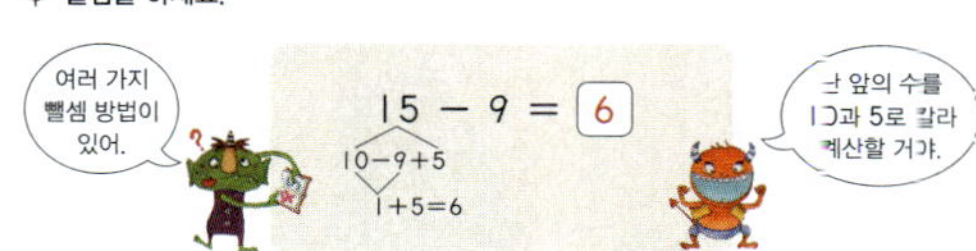

① $14 - 5 = 9$ (10−5+4 / 5+4)   ② $17 - 9 = 8$

③ $11 - 8 = 3$ ④ $12 - 7 = 5$

⑤ $13 - 7 = 6$ ⑥ $15 - 8 = 7$

⑦ $16 - 7 = 9$ ⑧ $14 - 6 = 8$

⑨ $12 - 8 = 4$ ⑩ $11 - 9 = 2$

---

88 · 89

요괴들이 뺄셈을 하여 마지막 퍼즐 조각을 찾으려고 해요.

빈 곳에 들어갈 알맞은 퍼즐 조각을 찾아 ○표 하세요.

① 13 − 4 =   7 8 9

② 15 − 8 =   7 8

③ 12 − 7 =   3 4 5

④ 18 − 9 =   7 8 9

뺄셈을 하세요.

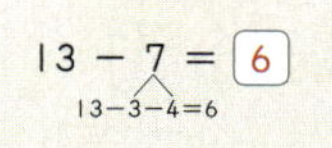

① $11 - 2 = 9$ (11−1−1)   ② $12 - 9 = 3$

③ $15 - 7 = 8$ ④ $13 - 6 = 7$

⑤ $12 - 6 = 6$ ⑥ $14 - 7 = 7$

⑦ $11 - 7 = 4$ ⑧ $13 - 8 = 5$

⑨ $17 - 9 = 8$ ⑩ $16 - 8 = 8$

공부한 날 월 일

278 뺄셈구구표

뺄셈 버스가 지나가고 있어요.

−	7	8	9
13	6	5	4

13−7 13−8 13−9

빈칸에 알맞은 수를 써넣어 뺄셈표를 완성하세요.

❶

−	6	7	8
11	5	4	3

❷

−	5	6	7
14	9	8	7

❸

−	4	5	6
12	8	7	6

❹

−	7	8	9
15	8	7	6

빈칸에 알맞은 수를 써넣어 뺄셈표를 완성하세요.

−	2	3	4
11	9	8	7

11−2 11−3 11−4

❶

−	7	8	9
12	5	4	3

❷

−	7	8	9
15	8	7	6

❸

−	3	4	5
12	9	8	7

❹

−	6	7	8
14	8	7	6

❺

−	4	5	6
13	9	8	7

❻

−	4	5	6
11	7	6	5

잠만자 요괴와 딴소리 요괴가 수 블록 쌓기 놀이를 해요.

−	6	7
10	4	3
11	5	4

10−6 10−7 11−6 11−7

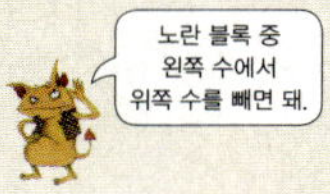

빈칸에 알맞은 수를 써넣어 뺄셈표를 완성하세요.

❶

−	2	3
10	8	7
11	9	8

❷

−	8	9
11	3	2
12	4	3

❸

−	6	7
12	6	5
13	7	6

❹

−	7	8
15	8	7
16	9	8

뺄셈구구표의 빈칸에 알맞은 수를 쓰세요.

−	1	2	3	4	5	6	7	8	9
11	10	9	8	7	6	5	4	3	2
12	11	10	9	8	7	6	5	4	3
13	12	11	10	9	8	7	6	5	4
14	13	12	11	10	9	8	7	6	5
15	14	13	12	11	10	9	8	7	6
16	15	14	13	12	11	10	9	8	7
17	16	15	14	13	12	11	10	9	8
18	17	16	15	14	13	12	11	10	9
19	18	17	16	15	14	13	12	11	10

공부한 날
월
일

279 □가 있는 뺄셈

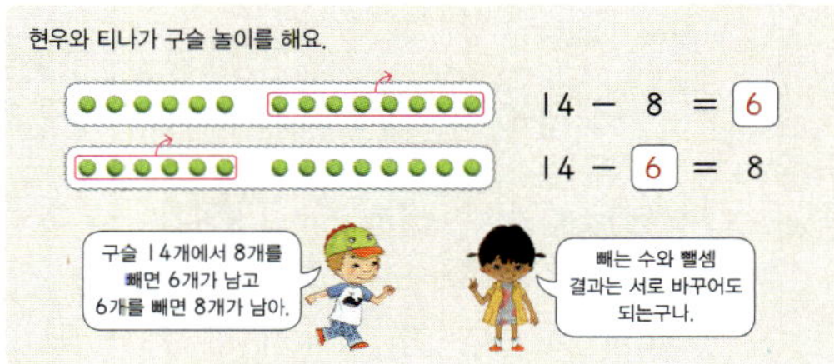

현우와 티나가 구슬 놀이를 해요.

$14 - 8 = \boxed{6}$
$14 - \boxed{6} = 8$

구슬 14개에서 8개를
빼면 6개가 남고
6개를 빼면 8개가 남아.

빼는 수와 뺄셈
결과는 서로 바꾸어도
되는구나.

🌳 그림을 보고 □ 안에 알맞은 수를 쓰세요.

❶ $13 - 5 = \boxed{8}$
$13 - \boxed{8} = 5$

❷ $12 - 8 = \boxed{4}$
$12 - \boxed{4} = 8$

❸ $15 - 6 = \boxed{9}$
$15 - \boxed{9} = 6$

🌳 □ 안에 알맞은 수를 쓰세요.

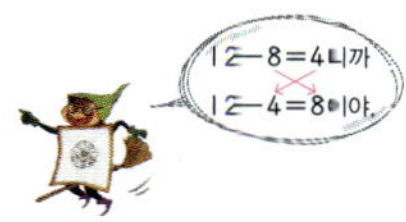

$12 - 8 = \boxed{4}$

$12 - \boxed{4} = 8$

❶ $14 - \boxed{7} = 7$　　❷ $12 - \boxed{3} = 9$

❸ $11 - \boxed{8} = 3$　　❹ $13 - \boxed{6} = 7$

❺ $17 - \boxed{9} = 8$　　❻ $16 - \boxed{8} = 8$

❼ $11 - \boxed{7} = 4$　　❽ $12 - \boxed{5} = 7$

❾ $15 - \boxed{7} = 8$　　❿ $13 - \boxed{4} = 9$

장난 요괴와 거꾸로 요괴가 구슬 놀이를 해요.

$6 + 8 = \boxed{14}$
$\boxed{14} - 8 = 6$

왼쪽에 구슬 6개,
오른쪽에 구슬 8개,
모두 14개 있어.

뺄셈식 맨 앞의 수는
빼는 수와 뺄셈 결과를
더한 것과 같네?

🌳 그림을 보고 □ 안에 알맞은 수를 쓰세요.

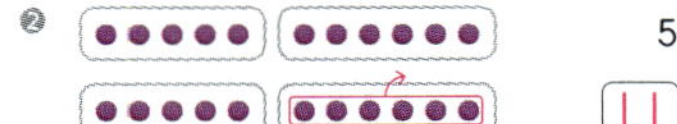

❶ $4 + 9 = \boxed{13}$
$\boxed{13} - 9 = 4$

❷ $5 + 6 = \boxed{11}$
$\boxed{11} - 6 = 5$

❸ $7 + 5 = \boxed{12}$
$\boxed{12} - 5 = 7$

🌳 □ 안에 알맞은 수를 쓰세요.

$8 + 5 = \boxed{13}$

$\boxed{13} - 5 = 8$

❶ $\boxed{11} - 4 = 7$　　❷ $\boxed{14} - 8 = 6$

❸ $\boxed{15} - 6 = 9$　　❹ $\boxed{17} - 9 = 8$

❺ $\boxed{13} - 7 = 6$　　❻ $\boxed{16} - 7 = 9$

❼ $\boxed{12} - 8 = 4$　　❽ $\boxed{11} - 8 = 3$

❾ $\boxed{14} - 7 = 7$　　❿ $\boxed{15} - 7 = 8$

공부한 날
월
일

280 세로셈과 벌레 먹은 셈

98·99

🌱 수 블록으로 2가지 뺄셈식을 만들었어요. 빈칸에 알맞은 수를 쓰세요.

❶

1 4 − 5 = 9

❷

1 6 − 8 = 8

🌱 뺄셈을 하세요.

	1	3			1	1			1	5
−		7		−		2		−		8
		6				**9**				**7**

❶ ❷ ❸

	1	6			1	2			1	4
−		8		−		7		−		5
		8				**5**				**9**

❹ ❺ ❻

	1	2			1	3			1	1
−		8		−		6		−		9
		4				**7**				**2**

❼ ❽ ❾

100·101

아이들이 뺄셈식을 완성하려고 해요.

🌱 □ 안에 알맞은 수를 쓰세요.

❶
	1	7
−		**9**
		8

❷
	1	2
−		4
		8

❸
	1	**2**
−		6
		6

❹
	1	1
−		**6**
		5

❺
	4	
−		5
		9

❻
	1	5
−		8
		7

❼
	1	4
−		**7**
		7

❽
	1	**1**
−		8
		3

❾
	1	6
−		**7**
		9

🌱 벌레들이 나뭇잎을 갉아 먹었어요. 빈 곳에 알맞은 수를 쓰세요.

무엇을 배웠을까요

▲ 화살이 꽂힌 수 중 큰 수에서 작은 수를 빼어 □ 안에 알맞은 수를 쓰세요.

❶  15−7 = 8

❷  11−9 = 2

▲ 빈 곳에 들어갈 알맞은 퍼즐 조각을 찾아 ○표 하세요.

❸ 

▲ 빈칸에 알맞은 수를 써넣어 뺄셈표를 완성하세요.

❹ 

−	3	4	5
11	8	7	6

❺

−	7	8	9
16	9	8	7

▲ 빈칸에 알맞은 수를 써넣어 뺄셈표를 완성하세요.

❻ 

−	5	6
11	6	5
12	7	6

❼

−	8	9
17	9	8
18	10	9

▲ 그림을 보고 □ 안에 알맞은 수를 쓰세요.

❽ 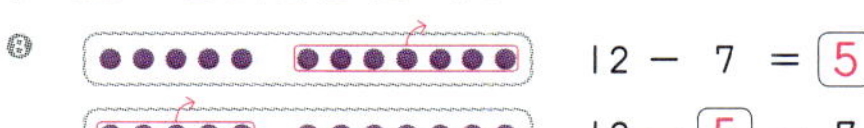

12 − 7 = 5
12 − 5 = 7

❾ 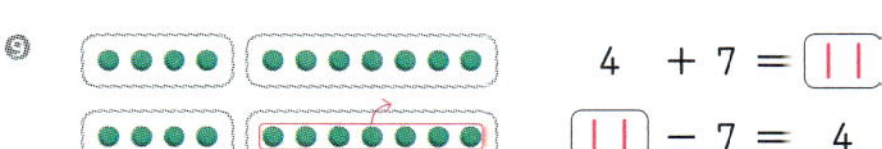

4 + 7 = 11
11 − 7 = 4

▲ 뺄셈을 하세요.

❿

	1	4
−		9
		5

⓫

	1	5
−		8
		7

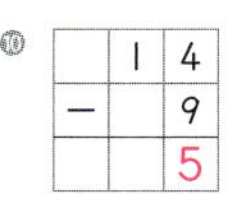

받아내림이 없는 뺄셈구구

관련 쪽수: 6~27쪽

✥ 뺄셈을 하세요.

❶ 6 − 1 = 5   ❷ 5 − 3 = 2

❸ 9 − 4 = 5   ❹ 7 − 6 = 1

❺ 4 − 2 = 2   ❻ 8 − 5 = 3

❼ 7 − 3 = 4   ❽ 9 − 7 = 2

✥ □ 안에 알맞은 수를 쓰세요.

❾ 7 − 2 = 5   ❿ 8 − 4 = 4

⓫ 9 − 1 = 8   ⓬ 9 − 2 = 7

⓭ 6 − 5 = 1   ⓮ 9 − 6 = 3

⓯ 2 − 1 = 1   ⓰ 7 − 3 = 4

뺄셈구구 전략

관련 쪽수: 40~47쪽

✥ 뺄셈을 하세요.

❶ 12 − 4 = 8   ❷ 11 − 3 = 8

❸ 12 − 3 = 9   ❹ 13 − 4 = 9

❺ 10 − 3 = 7   ❻ 14 − 5 = 9

✥ 반을 이용하여 뺄셈을 하세요.

❼ 6 − 3 = 3   ❽ 10 − 5 = 5

❾ 14 − 7 = 7   ❿ 18 − 9 = 9

✥ 하나 더 많게 갈라 뺄셈을 하세요.

⓫ 11 − 6 = 5   ⓬ 15 − 7 = 8

⓭ 17 − 8 = 9   ⓮ 13 − 6 = 7

108 · 109

10에서 뺄셈하기
관련 쪽수: 50~63쪽

✧ 뺄셈을 하세요.

① $10 - 4 = \boxed{6}$ ② $10 - 1 = \boxed{9}$

③ $10 - 7 = \boxed{3}$ ④ $10 - 6 = \boxed{4}$

⑤ $10 - 2 = \boxed{8}$ ⑥ $10 - 9 = \boxed{1}$

✧ □ 안에 알맞은 수를 쓰세요.

⑦ $10 - 3 + 2 = \boxed{9}$
$\quad \boxed{7} + 2 = \boxed{9}$

⑧ $10 - 6 + 3 = \boxed{7}$
$\quad \boxed{4} + 3 = \boxed{7}$

⑨ $10 - 9 + 6 = \boxed{7}$
$\quad \boxed{1} + 6 = \boxed{7}$

⑩ $10 - 6 + 2 = \boxed{6}$
$\quad \boxed{4} + 2 = \boxed{6}$

✧ 계산을 하세요.

⑪ $10 - 5 + 4 = \boxed{9}$ ⑫ $10 - 8 + 5 = \boxed{7}$

⑬ $10 - 6 + 1 = \boxed{5}$ ⑭ $10 - 9 + 5 = \boxed{6}$

✧ □ 안에 알맞은 수를 쓰세요.

⑮ $11 - 1 - 1 = \boxed{9}$
$\quad \boxed{10} - 1 = \boxed{9}$

⑯ $14 - 4 - 5 = \boxed{5}$
$\quad \boxed{10} - 5 = \boxed{5}$

⑰ $18 - 8 - 9 = \boxed{1}$
$\quad \boxed{10} - 9 = \boxed{1}$

⑱ $17 - 7 - 4 = \boxed{6}$
$\quad \boxed{10} - 4 = \boxed{6}$

✧ 뺄셈을 하세요.

⑲ $18 - 8 - 5 = \boxed{5}$ ⑳ $12 - 2 - 6 = \boxed{4}$

110 · 112

10을 이용한 뺄셈구구
관련 쪽수: 66~83쪽

✧ 빼어지는 수를 갈라 뺄셈을 하려고 해요. □ 안에 알맞은 수를 쓰세요.

① $13 - 8 = \boxed{5}$
$\quad 10 - 8 + \boxed{3}$
$\quad 2 + \boxed{3} = \boxed{5}$

② $15 - 7 = \boxed{8}$
$\quad 10 - 7 + \boxed{5}$
$\quad 3 + \boxed{5} = \boxed{8}$

✧ 빼는 수를 갈라 뺄셈을 하려고 해요. □ 안에 알맞은 수를 쓰세요.

③ $12 - 5 = \boxed{7}$
$\quad 12 - \boxed{2} - 3$
$\quad \boxed{10} - 3 = \boxed{7}$

④ $14 - 9 = \boxed{5}$
$\quad 14 - \boxed{4} - 5$
$\quad 10 - \boxed{5} = \boxed{5}$

✧ 뺄셈을 하세요.

⑤ $13 - 4 = \boxed{9}$ ⑥ $17 - 9 = \boxed{8}$

⑦ $14 - 8 = \boxed{6}$ ⑧ $12 - 6 = \boxed{6}$

⑨ $11 - 4 = \boxed{7}$ ⑩ $15 - 7 = \boxed{8}$

⑪ $18 - 9 = \boxed{9}$ ⑫ $16 - 8 = \boxed{8}$

뺄셈구구 익히기
관련 쪽수: 86~103쪽

✧ □ 안에 알맞은 수를 쓰세요.

① $12 - \boxed{8} = 4$ ② $11 - \boxed{6} = 5$

③ $14 - \boxed{8} = 6$ ④ $13 - \boxed{5} = 8$

⑤ $16 - \boxed{7} = 9$ ⑥ $15 - \boxed{9} = 6$

⑦ $\boxed{17} - 8 = 9$ ⑧ $\boxed{13} - 7 = 6$

⑨ $\boxed{11} - 3 = 8$ ⑩ $\boxed{13} - 8 = 5$

⑪ $\boxed{15} - 6 = 9$ ⑫ $\boxed{13} - 9 = 4$

⑬ $\boxed{12} - 5 = 7$ ⑭ $\boxed{11} - 6 = 5$

✧ 뺄셈을 하세요.

⑤
$$\begin{array}{r} 1\,4 \\ -\ \ 9 \\ \hline 5 \end{array}$$
⑥
$$\begin{array}{r} 1\,5 \\ -\ \ 7 \\ \hline 8 \end{array}$$
⑦
$$\begin{array}{r} 1\,2 \\ -\ \ 3 \\ \hline 9 \end{array}$$

⑧
$$\begin{array}{r} 1\,7 \\ -\ \ 8 \\ \hline 9 \end{array}$$
⑨
$$\begin{array}{r} 1\,1 \\ -\ \ 8 \\ \hline 3 \end{array}$$
⑩
$$\begin{array}{r} 1\,6 \\ -\ \ 7 \\ \hline 9 \end{array}$$

✧ □ 안에 알맞은 수를 쓰세요.

⑪
$$\begin{array}{r} \boxed{1}\,5 \\ -\ \ 9 \\ \hline 6 \end{array}$$
⑫
$$\begin{array}{r} 1\,4 \\ -\ \ \boxed{7} \\ \hline 7 \end{array}$$
⑬
$$\begin{array}{r} \boxed{1}\,2 \\ -\ \ 8 \\ \hline 4 \end{array}$$

⑭
$$\begin{array}{r} 1\,3 \\ -\ \ \boxed{7} \\ \hline 6 \end{array}$$
⑮
$$\begin{array}{r} 1\,\boxed{6} \\ -\ \ 8 \\ \hline 8 \end{array}$$
⑯
$$\begin{array}{r} 1\,\boxed{3} \\ -\ \ 5 \\ \hline 8 \end{array}$$